中国の資源税

何 彦旻
HE Yanmin

京都大学学術出版会

若い知性が拓く未来

　今西錦司が『生物の世界』を著して，すべての生物に社会があると宣言したのは，39歳のことでした。以来，ヒト以外の生物に社会などあるはずがないという欧米の古い世界観に見られた批判を乗り越えて，今西の生物観は，動物の行動や生態，特に霊長類の研究において，日本が世界をリードする礎になりました。

　若手研究者のポスト問題等，様々な課題を抱えつつも，大学院重点化によって多くの優秀な人材を学界に迎えたことで，学術研究は新しい活況を呈しています。これまで資料として注目されなかった非言語の事柄を扱うことで斬新な歴史的視点を拓く研究，あるいは語学的才能を駆使し多言語の資料を比較することで既存の社会観を覆そうとするものなど，これまでの研究には見られなかった溌剌とした視点や方法が，若い人々によってもたらされています。

　京都大学では，常にフロンティアに挑戦してきた百有余年の歴史の上に立ち，こうした若手研究者の優れた業績を世に出すための支援制度を設けています。プリミエ・コレクションの各巻が，いずれもこの制度のもとに刊行されるモノグラフです。「プリミエ」とは，初演を意味するフランス語「première」に由来した「初めて主役を演じる」を意味する英語ですが，本コレクションのタイトルには，初々しい若い知性のデビュー作という意味が込められています。

　地球規模の大きさ，あるいは生命史・人類史の長さを考慮して解決すべき問題に私たちが直面する今日，若き日の今西錦司が，それまでの自然科学と人文科学の強固な垣根を越えたように，本コレクションでデビューした研究が，我が国のみならず，国際的な学界において新しい学問の形を拓くことを願ってやみません。

第26代　京都大学総長　山極壽一

目　次

序章　中国の資源税研究の課題 …………………… 1
1. 地球環境問題と資源問題　1
2. 資源問題と地域格差　2
3. 市場原理と公共政策　4
4. パラダイムシフトの糸口と中国の資源税　6

第1章　資源税の理論的源泉 ……………………… 10
1. 資源税とは何か　10
2. 資源税の理論的源泉　11
小括　25

第2章　中国税制の全体像と資源関連税 ………………… 27
1. 中国の税制の概要と体系　27
2. 中国の資源関連税の概要　33
3. 中国の資源関連税の性格　45
小括　54

第3章　中国資源税の展開と成果（1984年から2010年まで）… 56
1. はじめに　56
2. 中国資源税制度成立史　57
3. 中国資源税制度の評価：1994年から2010年まで　69
4. 新たな資源税制度：2011年11月以降　81
小括　83

第4章　新疆における2010年資源税改革の到達点と課題 … 85
1. はじめに　85
2. 新疆資源税改革の内容　86

3. 新疆資源税改革の到達点　89
4. 新疆資源税改革の課題　96
小括　99

第5章　2011年資源税改革の到達点と課題
　　　　——石炭資源税を中心に……………………………　102
1. はじめに　102
2. 石炭資源税の効果と課題（1994年から2011年まで）　104
3. 2011年石炭資源税改革の到達点と課題　109
4. 石炭資源税改革の障壁　115
小括：2014年10月の石炭資源税改革　117

第6章　中国の政府間財政関係と資源税………………………　120
1. はじめに　120
2. 鉱物資源課税をめぐる政府間財政関係の理論　121
3. 中国の政府間財政関係と資源税の税源配分　127
小括　138

第7章　国際比較からみた資源税………………………………　141
1. はじめに　141
2. 諸外国の鉱物資源税　142
3. 各国の鉱物資源課税制度の比較　152
小括　156

第8章　中国鉱税の歴史的変遷…………………………………　166
1. はじめに　166
2. 先史期の山澤之賦　167
3. 秦漢期の『塩鉄論』　168
4. 魏晋南北朝の塩鉄課税　170
5. 唐宋遼金期の鉱税の形成　171
6. 元明清期の鉱税　172

小括　178

終章　結論と展望 …………………………………………… 181

あとがき　189

参考文献　195

索引　203

序章

中国の資源税研究の課題

1. 地球環境問題と資源問題

　先進工業国によって築かれた現代文明は，産業革命以降に始まった。そして，資本主義経済システムを柱に，世界のいたるところから資源を収奪し，あらゆるものを資源化する科学・技術の進歩や輸送手段の発達，市場の拡大に支えられ，未曾有な「繁栄」を見せてきた。「繁栄」のシンボルは大量生産，大量消費，大量廃棄と解釈され，人々の日常生活に浸透した。そして，それが無限に拡大，発展し，かつ持続するように思ってきた。しかし，今日の地球規模に広がった環境問題はかつてない深刻さを見せている。具体的には，オゾン層の破壊，地球温暖化，酸性雨，熱帯雨林の減少，生物種の消滅，砂漠化，大気・水質・土壌の汚染などが挙げられる。現代文明が当面する地球環境問題は資源の開発，生産，消費，保全の全般のあり方に関わる問題であり，それに対処するには先進工業国の資源収奪型の現代文明そのものから抜け出し，資本主義経済下の資源利用システムを転換しなければならない。

　もちろん，これまでに発見されていない新しい鉱床の探索や技術の進歩によって，低品位の鉱床の開発，未利用資源の活用，海底や地球外惑星の資源開発などによって，資源の枯渇を緩和もしくは遅延させることができ

るかもしれない。過去における文明の歴史から考えれば，現代文明はグローバルな資源獲得と消費を基盤にしているため，グローバルレベルで資源が枯渇し，基盤が崩壊してしまう危険性すら現実のものである。

2. 資源問題と地域格差

　資源とは何であろうか。直ちに思いつくだけでは，石油や石炭，天然ガスといったエネルギー資源，鉄や銅，金，銀などの金属資源，コメや大豆，トウモロコシなどの穀物資源，マグロやサンマ，イカなどの漁業資源，などさまざまな資源を例示することができる。さらに，土地や水，空気，太陽などの生態系も資源といえよう。これらすべては人類の営みを支える有用性物質である。同時に，これらの物質は，われわれの必要を満たすのに，常に十分なほど存在するとは限らない，すなわち希少性をもつという特徴を無視してはならない。この有用性と希少性を備えたものは資源として定義される。

　資源問題を論じる際には，加えてもう一つの視点が必要である。それは，資源の偏在性である。資源は，再生可能資源（もしくは非枯渇性資源，更新資源）と再生不能資源（もしくは枯渇性資源，非更新資源）に分類することができる。再生可能資源とは太陽光や太陽熱，風力，波力など一度利用されても比較的短期間内に再生が可能であり，枯渇しない資源を指す。再生不能資源は化石燃料や鉱物資源など，一旦利用されてしまうと再び回復することが困難であり，消費された分だけストック量が減少する不可逆性をもつ資源のことである。再生不能資源の分布は，地殻変動によって形成された地球表面の大規模な地形（古期造山帯・新期造山帯・安定陸塊）の分布と密接な関係があるため，資源を保有する国や地域と，資源を消費する国や地域がかなり異なっている。資源の可採埋蔵量をみると，2012年末時点では，中東は世界の原油の約50％，天然ガスの約40％を占めており，地域的な偏りが大きい。石炭資源の最大の保有国はアメリカ（28％），ついでロシア（18％），中国（13％）となっており，資源の保有国と消費国が比較

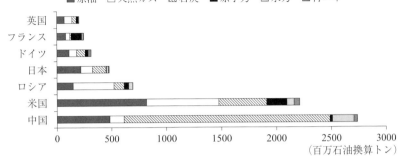

図序-1　主要各国の一次エネルギー消費量（2012年）

出所：BP Statistical Review of World Energy ed.（2013）より作成

的重なっている（BP 2013）。しかしながら，極度に偏在している資源もある。なかでも，貴金属の白金・パラジウムの埋蔵量は95％が南アフリカにある。電球のフィラメントとして利用されるタングステンの埋蔵量の60％は中国にある（U.S. Geological Survey 2013）。

　一方，これらの資源を消費する側では，いわゆる先進国でかつ人口の多い国の消費が多いが，発展途上国においても近年の経済成長に伴って一次エネルギー資源の消費量が著しく伸びている。なかでも，中国のエネルギー消費量は先進国を超え，世界一になっている（図序-1）。これが全世界における資源消費量を増加させる一因になっている。このように資源の偏在および資源消費量の拡大は，資源ナショナリズムを生むと同時に，資源の確保をめぐってさまざまな紛争や戦争の原因となりうる。

　産業革命以降，急速な経済成長を支えるために，先進国は世界中から大量の鉱物資源を採取して自国に供給していた。資源産出国・地域で鉱物資源を採掘して加工せずに輸出する場合，採掘活動自体は，資源産出側の地域経済との関わりは少なく，資源産出国の収入源は鉱物資源の輸出や税収にのみ頼ることになる。そして，農業や製造業，サービス産業などが疎かになり，国際競争に追いつくことができない「落ちこぼれ」になる。その結果，資源産出国・地域と資源消費国・地域との格差がますます広がるこ

とになる。

　鉱物資源の採掘行為は，単に資源を掘り尽くし，枯渇させてしまうという問題だけではなく，資源産出国・地域の自然生態系を破壊し，大気・水質・土壌を汚染してしまう，といった深刻な問題を引き起こす。そのうえ，鉱山開発地域に先住民が住んでいる場合，自然と共生して生きている人たちの生活と文化をも破壊してしまう，という問題もある。これらの問題について，クリストファー・フレイヴィン（2002）は，次のように指摘している。

　「資源開発の企業は，その操業のため，一般的には適切な補償なしに地域住民から土地を没収している。また飲料水を汚染し，農業用地を破壊し，狩猟と漁業の場を破壊することで環境問題も引き起こしている。そして，多くの建設労働者や採鉱および伐採労働者を，その地域に集めることで社会的な混乱を引き起こしている。

　以前は，アクセスできなかった土地に道路が建設されたことにより，西部劇のような「早い者勝ち」状況を招き，外部のならず者がやってくる。これらの環境と社会の混乱は現実には当該地域にもたらされるのであるが，資源開発による経済的利益のほとんどは中央政府，多国籍企業と外国人投資家といった外部の者が受け取る。しかも，悪影響を受ける地域社会が抵抗をすれば，しばしば政府から激しい弾圧を受けることになる。」（クリストファー・フレイヴィン　2002：277ページ）

3. 市場原理と公共政策

　経済のグローバル化が深化するのに対応して，資源の最適配分を図るには，各国の経済システムはますます市場原理に適応する傾向にある。先進工業国を追随するような形で，発展途上国においても今後市場の自由化が進むであろう。しかし，他方では経済の自由化やグローバル化において，外部性・情報の非対称性などの市場の失敗が顕在化するケースが数多く存在しており，それを制御するには適切な公共政策の枠組みを通じて政府が

図序-2 自然と経済―資源の生産・消費・廃棄

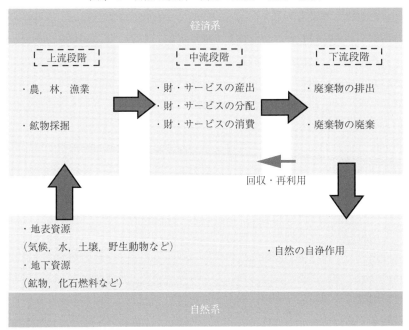

介入する必要がある。

　人間の経済活動による環境負荷は、自然界から採掘される資源を生産、分配、消費、廃棄することによってもたらされる（図序-2）。環境税は、こうした一連の経済活動による環境負荷の排出を抑制するために、末端の直接排出者に課されるのが一般的である。たとえば、ドイツで1981年から導入された排水課徴金は公共水域に直接排水した排出者に対して課すものである。中国で1982年に実施されはじめた汚染排出課徴金（中国語：排汚収費）も廃水および廃ガス、固形廃棄物、騒音の4種類の汚染物質の排出者を対象に徴収するものである（植田・何 2008）。また、近年、世界各国で広く導入された炭素税は、工場や企業、家庭などにおいて化石燃料を使用する際に、排出される燃料ごとの二酸化炭素排出原単位に応じて課税されるケースが多い。

しかし，資源利用システムの転換をはかるには，上流段階の資源の採掘時点における課税も不可欠である。資源の採掘時点での課税は，資源採掘費用を高め，採掘企業の資源保全，環境保護の意識を向上させることで，上流段階での資源採掘量の抑制を通じて，経済活動へ投入される資源の量そのものを減らすことができる。それだけではなく，上流段階で向上する資源採掘コストは，一部中流にも転嫁されるため，従来よりも資源生産性が重要視され，非効率的な資源消費も抑制されるはずである。しかし，現状では，資源消費国・地域から離れた資源産出国・地域の鉱山側で発生する資源採掘に伴う生態系の破壊や環境汚染，資源の枯渇といった外部費用は資源の価格に反映しにくいため，中流段階で資源を利用する際に生産性を上げようとする努力は生じない。

　したがって，資源利用システムのパラダイムシフトは，上流段階での資源の投入と下流段階での環境への排出の両面を考慮した経済学的検討と政策の立案，検証が不可欠であり，むしろ，上流段階の資源の採掘時点における課税は資源の開発利用に根本から影響を与え，パラダイムシフトにより大きく作用するであろう。

　本書は，資源利用システムのパラダイムシフトに資する政策手段の一つとしての上流段階の資源課税に焦点をあてたものである。

4．パラダイムシフトの糸口と中国の資源税

　中国は，人口大国，資源大国，消費大国，経済大国といった性質を兼ね備えている唯一の国である。13億の人口を抱え，高度経済成長を続けている中国は，世界最大の一次エネルギー生産国であり，消費国でもある。反面，資源と環境の制約の下に急激な経済成長を実現してきた結果，中国はすでに世界最大の温室効果ガス排出国になり，大気汚染や水汚染といった深刻な環境問題に陥った。それに加え，開発が遅れた内陸部や農村部と，目を見張る成長を遂げた東沿海部や都市部との経済格差も拡大している。これらの複合的な課題を抱えている中国は21世紀において様々な課題に直

面している世界の縮図と言っても過言ではない。

　また，中国は1949年から1978年まで計画経済体制を取っていた。この体制のもとでは，経済の資源配分を市場の価格調整メカニズムに任せるのではなく，すべて中央によって物財バランスに基づいて計画的に運営されていた。鉱物資源の探査や開発についても，主に公営の形で中央政府によって集中的，計画的に管理されていた[1]。開発できた鉱物資源を政府の主管部門に上納し，物質管理部門によって各企業に配分されていた。1978年の改革開放以降，中国は計画経済から市場経済への移行がはじまった。鉱物資源開発体制および政策の基本的枠組みは，鉱物資源法（鉱産資源法）（主席令 1996：74号令）によって定められている。鉱物資源法は，鉱物資源の探査・開発・利用・保護のために1986年に制定され，その後1996年に改正された。

　地表もしくは地下の鉱物資源の所有権はすべて国家所有である（第3条）。鉱物資源の探査および開発は国家の統一的方針のもとで実行する（第7条）。国土資源部を頂点とする中央による一元化された鉱物資源管理システム，いわゆる鉱物資源の「一元的統制体制」が確立，維持されている。このような仕組みの下，中央政府は鉱物資源に対する管理を強化し，資源の国家所有権を守ることができた。同時に，鉱物資源開発の秩序が守られ，資源の備蓄を常に調整し，資源の安全保障を実現してきた。

　国家は探鉱権，採掘権有償利用の制度を実施する。鉱物資源を採掘するには，国家関連規定に基づき資源税と鉱物資源補償費を納付しなければならない（第5条）。鉱物資源の一元管理システムに適合して，鉱物資源の有償利用制度と鉱業権をめぐる市場メカニズムを整備した。同時に，国有鉱物資源の有償利用を実現する目的で，1984年に国内で原油や天然ガス，石炭，金属鉱製品およびその他の非金属鉱製品を開発する企業と個人に対

---

1) 政務院（建国初期の国務院のこと）が1950年12月に決議した鉱業暫行条例は，全国すべての鉱山は国有とし，公営または国家保留鉱山にする必要がなくなれば，個人経営を許可してもよい，と定めている（第1条）。また，公営とは政府が直接あるいは間接的にコントロールし経営することである。

して，資源販売量に応じて資源税を徴収する制度を導入した。

　資源税は市場経済への移行とともに導入された一見して新しい租税のように見えるが，実のところ，資源税は中国にとって決して馴染みのないものではない。夏王朝時代（約前21―前16世紀）にはすでに資源税の原型ともいえる山澤之賦[2]を徴収していた。以降，歴代の王朝はこの税目を継続し，秦漢以降に塩課や鉄課などの鉱課になり，近代まで断続的に運用されてきた税制である。つまり，資源税は中国においては数千年の歴史を有する租税なのである。

　本書では，悠久たる歴史を持ち，中国の計画経済から市場経済への移行開始と同時に復活し，今日まで機能し続けてきたこの資源税制度を検討し，その機能や課題を，理論的，総合的に解明する。そうすることによって，先進工業国の資源収奪型の現代文明を払拭し，資本主義経済下の資源利用システムのパラダイムシフトのあり方を探る手がかりをつかめるかもしれない。

　本書は全8章で構成される。まず第1章では，再生不能資源の課税に関する理論的な根拠を検討し，再生不能資源の四つの課税根拠を整理する。第2章では，現代中国の税制・財政の全体像について総説する。そして，中国における鉱物資源関連税制の特徴や機能について考察し，資源税の中国税制，資源関連税制での位置づけを明示する。第3章では，現代中国資源税制度の導入から変遷の過程を整理するとともに，中国の経済成長と経済体制の移行に伴い，資源税の機能がいかに変化したかを考察する。第4章及び第5章では，現行の資源税制度の効果を検証する。第4章では，全国で最も豊富な原油・天然ガス資源を有する新疆ウィグル自治区を対象とし，2010年の資源税改革による資源採掘の抑制効果と税収効果について検討する。第5章では，中国が保有する主なエネルギー源である石炭に焦点をあて，2011年の資源税改革の効果と影響について，石炭産業に焦点をあてて検討する。第6章では，規範的な財政連邦主義の理論に基づき，鉱物

2）山沢の資源に対する課税のことである。

資源管理をめぐる中国の政府間租税関係と資源税について考察し，中国の資源税の課税権限と税源配分のあり方について検討する。第7章では，アメリカの採掘税，カナダの鉱業税，日本の鉱産税について，それぞれの鉱物資源税制度の課税対象と課税方式，税源配分，税収の使途を中心に考察し，各国の鉱物資源税制度の共通点および特徴を見出す。第8章では，中国資源税の前身とも言われる鉱税の歴史的変遷を整理するとともに，三千年以上の歴史をもつ中国の鉱税がどのように形成され，展開してきたかを明らかにする。終章では，本書の総括を行ったうえで，現行の鉱物資源の「一元的統制体制」を展望する。

第1章

資源税の理論的源泉

1. 資源税とは何か

　再生不能資源を開発する企業に対し，採掘段階から一般法人税や一般消費税（または売上税や付加価値税）に加えて，従量もしくは従価税や超過利潤税，資源税といった税が課される国は少なくない。代表的なものは，アメリカの採掘税（Severance tax）やカナダの鉱業税（Mining tax），ロシアの鉱物資源採掘税（Mineral extraction tax），オーストラリアの鉱物資源レント税（Mineral resource rent tax），日本の鉱産税（Mine products tax），中国の資源税（Resource tax）を挙げることができる。これらの国々では，再生不能資源に対して他の財よりも高い税負担を課している。

　資源税とは，再生不能資源の最適利用及び維持管理を目的に，その採掘量あるいは採掘価格を課税標準とする税である。資源税の導入は，資源の希少性を採掘費用に反映させ，資源の開発利用に伴う環境負荷の抑制に関する経済的誘因を高め，企業の意思決定に影響を与えることによって，再生不能資源の最適な開発利用の実現を可能にする。同時に，資源税は，再生不能資源の維持管理に必要となる財源の調達手段でもある。ここでいう再生不能資源の維持管理には，再生不能資源の開発利用に対する維持管理だけではなく，再生不能資源に代替可能な人工資本の開発などによる維持

管理も含まれる。

　資源税は，再生不能資源の最適な開発利用を目的として，資源の希少性を採掘費用に反映させなければならないため，採取場からの採取量，または販売価格に対して課税する。環境税や炭素税，エネルギー税などは，同じく再生不能資源の開発利用に影響を与える可能性があるとしても，もともと環境負荷の抑制やエネルギー政策上の理由から導入されたものであって，その税収は道路整備や空港整備などの特定財源に当てられているため，資源税とは異なる税として認識すべきである。

　同様に，日本の地球温暖化対策税のように，税収が再生可能エネルギーの開発普及，すなわち再生不能資源に代替可能な人工資本の開発に当てられるとしても，そもそもそれが資源の採掘段階での課税ではないため，やはり資源税とは別物として分類しなければならない。

2. 資源税の理論的源泉

(1) 再生不能資源の最適利用と資源税

　再生不能資源に課す資源税の第一の根拠は，19世紀からイギリスで議論してきた石炭の枯渇問題に由来する。1800年にイギリスにおける蒸気機関車の導入で石炭の生産量が急増したことをきっかけに，1830年代から英国経済学者のポール・クリステンセンらの間で石炭資源の枯渇問題の議論が始まった。1860年代には，W・アームストロング，エドワード・ハル等が石炭資源の可採年数問題やその対策について積極的に発言した。そのうち，内外に大きな波紋を投げかけたのは，ウイリアム・S・ジェボンズ（以下，ジェボンズ）であった。ジェボンズは，著書『石炭問題：国民の進歩並びに英国炭坑のありうべき枯渇に関する研究（The Coal Question: An Inquiry Concerning the Progress of the Nation, and the Probable Exaustion of Our Coal-mines）』(1865)（以下，『石炭問題』）のなかで，イギリスの経済成長と石炭とを結びつけ，懸念される石炭枯渇問題について詳細な分析を試

みた。ジェボンズは石炭枯渇に対処するために，設備改良や技術革新という自然科学的な側面から考察したうえ，初版の第16章の「石炭産業の課税及び規制について」（第2版では「租税と国債について」）では，石炭への課税という経済的側面からこの問題を取り上げた。イギリス国内における石炭の枯渇に対処するためには，主要輸出品である石炭の流出を抑制する手段として当時石炭輸出税が次の三つの目的から一般に推奨されていた。①（国家）収入の増加，②英国産石炭を用いてイギリスと競争関係にある他国の産業を無力化，③輸出抑制による石炭貯蓄である。ジェボンズは「高すぎる関税は，確実に，外国の競争力を引き出す傾向にあり，…直ちに石炭産業とその収入を損なう」ので，これらの目的の①と②，③が矛盾し，石炭輸出税による解決は不可能だと指摘した。また，『石炭問題』においては，ジェボンズは一般石炭使用税（General coal tax/Uniform coal tax）についても否定的である。その理由として，この種の税が課されると，相互依存関係にあるあらゆる産業が，直接的に，あるいは間接的に価格の上昇した石炭を使用せざるをえないため，英国全体が生産費用の増加に苦しむことになる。また，より効率的な石炭に需要が集まるので，劣等質な石炭や小塊石炭は見向きもされなくなり，大量の石炭が取引されずに捨てられてしまう。さらに，家庭用石炭への課税は理論上では望ましいものの，実際には国民の生活習慣の変更が強いられる。ジェボンズは石炭枯渇問題に関する基本的な立場を最後まで変更することはなかったが，この石炭使用税の問題については彼自身も心が揺れていたこともあり，石炭問題に関する最後の論文だった「石炭問題の進展について（On the Progress of the Coal Question）」（1875）では石炭使用税についての議論を深めることがないどころか，その言葉に触れることすらなかった（上宮 2001）。

その後，初めて本格的に再生不能資源の保全の視点から課税措置について論及したのは，ルイス・C・グレイが1914年に発表した論文「枯渇性という仮定下のレント（Rent Under the Assumption of Exhaustibility）」である。グレイは論文のなかで，「大地の生産物のうち，土壌の本源的で不滅な力の使用に対して地主に支払われる部分」と定義した「リカード・レン

ト」を,枯渇性のもつ再生不能資源に適用する場合にはその理論の再調整が必要であり,そこからのレントやロイヤリティー,税収はリカード・レントとは異なるものである,と指摘した。グレイは,新古典派の部分均衡分析に基づき,鉱山価値税 (Tax on the value of the mine) や利益税,採掘税という課税措置が鉱物資源保全に与える影響について検討した。グレイは,鉱山価値税の場合,鉱山所有者は鉱山を所有し運営する限り,税金を支払い続けなければならないため,鉱物資源の採取を加速させることによって税を回避することができると考える。その結果,ロイヤリティーやレントといった鉱山価値税は資源の枯渇を促進する,と指摘した。逆に,鉱物資源の産出量に課される採掘税の場合,現時点の限界純収益が将来の限界純収益の現在価値に等しいならば,鉱山所有者は将来の税負担が割り引かれるため,資源の採取を延期させたほうがより多く利益が得られ,結果的に資源の枯渇が延期される。

　グレイに対して,ハロルド・ホテリングが Journal of Political Economy 誌で発表した論文「枯渇性資源の経済学 (The Economics of Exhaustible Resources)」は,完全競争下における再生不能資源の希少性や不確実性,オープンアクセスといった本質に迫った先駆的な研究である[1]。1920年代のアメリカでは,野外リクリエーションの進展をきっかけに自然保護運動が展開されていたことを背景に,ホテリングは自然保護運動のような絶対的な資源保全と,枯渇性資源保全による社会的価値の最大化という立場からの政府の政策介入の議論をこの論文で行った。ホテリングは,資源価格に影響を与えるものとして,①独占,②累積生産とともに増大する採掘コスト,③累積生産に影響される需要,④固定投資と安定生産,⑤課税などを挙げ,その一つ一つについて詳細な検討を施した。ホテリングは,「枯渇性資源

---

[1] 今日再生不能資源の経済学に関する基礎文献とされるホテリングの論文は,1970年代まで長い間無視されてきた。その理由は二つ挙げられている。一つは,その間の経済学者は大恐慌とその後の第二次世界大戦の戦時経済により多くの関心を持っていたことである。もう一つは,ホテリング論文の大部分で用いられている変分法は1950年代までの経済学文献において馴染みのない数学用具であったため,読者が得られにくかったことである (Devarajan and Fisher 1981; Darnell 1988; Gaudet 2007)。

の経済学」を通じて，資源価格から限界採掘費用を引いた再生不能資源の純資産価格は利子率に等しい割合で上昇せねばならないという，いわゆる「ホテリング・ルール」を導き出した。彼によれば，純資産価格の上昇が遅くなると，再生不能資源の採掘・枯渇の速度が緩和され，純資産価格の上昇が速くなると反対の現象が起こる。純資産価格が利子率に等しいとき，資源の保存と採掘が無差別になる。しかし，現実には再生不能資源は，生産者の短期的な利潤動機により，将来世代の利益を無視した低価格で取引され，過剰に採掘消費される傾向があると指摘した。そして，純資産価格の上昇を抑制する手段として採掘税のような課税措置が必要であると示唆した。

1970年代の第一次と第二次の石油危機を起爆剤に，再生不能資源の最適利用問題への関心が爆発的に高まった。これらの研究は，ホテリングの経済理論を継承，発展する形で，独占や累積生産量に依存する需要および費用，課税手段，鉱山発見の不確実性などの要素が再生不能資源の価格および産出経路に与える影響を中心に行われた。そのうち，再生不能資源に対する課税政策について，ダスグプタやヒール，スティグリッツらは，鉱物売上税や利潤税，資産価値税，棚ぼた利益税（Windfall profit tax）などさまざまな課税手段が鉱物資源の最適利用や鉱山の枯渇速度に与える効果について数学的論証を行った。特定の状況下では，資源配分の効率性を損なわず，市場に歪みももたらさずに資源産業に特定な税を課せば，現在の資源の採掘量が抑制され，枯渇速度を遅らせるのに一定の効果があることを示した（Dasgupta and Heal 1979; Dasgupta et al. 1980; Gamponia and Mendelsohn 1985）。

上記の理論を簡単に図示すると，図1-1のようになる。図の縦軸には，価格・限界費用，横軸には資源の生産量がとられている。P_wは資源の国際価格を表し，一定と仮定される。曲線Sは資源の供給曲線を表す。資源産業に課税措置が導入される前に，資源の需給均衡点は，SとP_wが交わるところで決まり，そのもとで生産量はQ_0で決定される。課税後はt分の費用が上昇するため，曲線SはS+tにシフトし，生産量はQ_1に減少

図1-1 再生不能資源の最適利用の課税

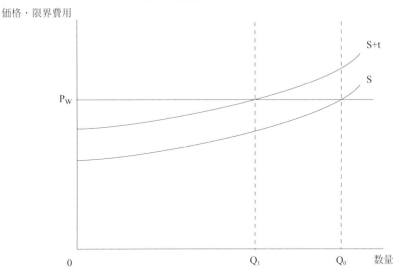

した。課税によって資源の生産量は(Q_0-Q_1)分だけ抑制されることになる。

(2) 再生不能資源の代替問題と資源税

　1972年にストックホルムで開催された「国連人間環境会議」の直前に，ローマ・クラブが出した『成長の限界—人類の危機レポート』では，「持続性のある均衡状態」というキーワードを提起した。そして，1980年に国際自然保護連盟（IUCN），国連環境計画（UNEP）などが取りまとめた「世界自然資源保全戦略（World Conservation Strategy）」において，「持続可能な発展」（Sustainable development）という言葉が初出した。さらに，1987年にノルウェー前首相ブルントラント女史を委員長とする「環境と開発に関する世界委員会」が発行した最終報告書「地球の未来を守るために（Our Common Future）」のなかで，持続可能な発展を「将来の世代のニーズを満たす能力を損なうことなく，今日の世代のニーズを満たすような発展」と説明し，広く世界の支持を受けた。そこから持続可能な発展に関する国際的な議論が始まる。ロジャー・パーマンらは，今日の経済学に関わる持

続可能性＝持続可能な発展に関する議論を以下の5種類に分類される（R. Perman et al. 2003）。

①（1人当たりの）効用あるいは消費が時間を通じて非減少である状況を持続可能な状態という。
②将来のために生産可能性を維持するよう，諸資源が管理できた状況を持続可能な状態という。
③自然資本（Natural capital）のストック量が時間を通じて非減少である状況を持続可能な状態という。
④諸資源より得られるサービス・フローの持続的利用が維持できるよう資源が管理された状況を持続可能な状態という。
⑤時間を通じて生態系の復元性（Resilience）の最低条件が維持できた状況を持続可能な状態という。

　これらの概念には，生産と消費を中心に考える伝統的な経済学を踏まえ，再生不能資源と人工資本との代替関係に関する議論が持ち込まれている。そのうち，①消費が時間を通じて非減少である状況，②の将来のための生産可能性の維持の実現については，ロバート・M・ソローやジョン・M・ハートウィックらにより，その条件・含意が詳しく検討された。ソローは，ジョン・ロールズのマキシミン・ルール[2]を支持し，現在世代が再生不能資源を採取してもよいと指摘した。しかし，将来世代の効用が少なくとも現在世代と同じ水準に保たれることが前提条件である。このようなマキシミン原理のもとでの効率的な経路は，世代間で再生不能資源と人工資本（原文では再生産可能な資本（Reproducible capital））を生産要素とする実質消費水準が時間軸を通じて一定でなければならない。それを実現させるためには，次の三つの条件が挙げられる。①生産関数において，再生不能資源と人工資本の間の代替弾力性が1より大きいこと，②代替弾力性が1であるとき，人工資本に関する産出の弾力性が再生不能資源に関する産出の弾力性よりも大きいこと，③技術進歩によって再生不能資源の生産性が上昇す

2）不確実性下での意思決定基準の一つ。一般的自然状態について悲観的な事態を予想しつつ最適選択を行うものである。

る（Solow 1974；時政ほか 2007：125ページ；筧橋・植田 2011）。

　さらに，ハートウィックは，効率的な経路の実現条件として，①再生不能資源が存在し，それを用いて生産活動がなされる場合，再生不能資源と人工資本の間の代替弾力性が等しい，つまり，上記のソローが提起した条件②を満たすとき，②再生不能資源の利用は異時点間でも効率的に行われ，「再生不能資源からのキャピタルゲイン（またはレントやロイヤリティー）の上昇率＝人工資本の限界生産」で規定されるホテリング・ルールが成立していること，に加えて，③再生不能資源の採掘による利益やレントを，機械装置などの人工資本の蓄積に再投資することで，持続可能な消費(Sustainable consumption)を実現できる，という条件を提起した(Hartwick 1977；1978a, 1978b)。いわゆる「ハートウィック・ルール」である。つまり，再生不能資源に依存する経済においても，ハートウィック・ルールに従っていれば，世代間における公平な資源配分が可能であり，将来世代と現在世代の消費水準を一定に保たれる。

　しかし，ハートウィック・ルールが主張している再生不能資源の公平な配分については，政策介入なしに競争市場均衡では成立しにくいという批判がある。現実世界を見ても，多くの国では，石油やその他鉱物資源などの開発企業は競って再生不能資源を採取，販売し，それによる収益は消費やそれほど収益性のないプロジェクトに使われている。ハートウィック・ルールを満たしていない状況がむしろ一般的である。このような状況の下，効率的で公平な資源配分を達成するためには，適切な政策介入が必要である(時政ほか 2007：133ページ)。また，そもそも現在世代と将来世代は物理的に同じ市場に参加することはできないため，再生不能資源の場合は，二つの世代を跨って発生する外部不経済が市場価格メカニズムには適切に反映されない。そのため，再生不能資源の世代間最適配分を行うには，間接税率の引き上げなどの公的介入によって市場価格を上昇させ，それを通して長期的な視野に立った社会厚生の改善を目指すべきである(伊東 1980)。

　上記のほかに，世代間の効率的で公平な資源配分の問題だけではなく，資源を保有する国・地域と資源を消費する国・地域間の効率性・公平性の

問題を解決するためには，再生不能資源のレントや税収を利用すべきであるという議論も存在する。例えば，スワーリンは，各国の工業化の深化に伴って消費量がますます増加する石油に対して，その一次製品の国際取引価格に基づいて国際的な課税を提言した（B. C. Swerling 1962）。今井は，石油をめぐって産油国の資源保全スピードと消費国の産業調整スピートとを調整する国際機構を設け，需要面では，原油の消費にその節減を目的とする枯渇税をかけ，その収入を機構のファンドとし，代替エネルギー源の開発に充てることを提案した（今井 1973）。また，ブライシュヴィッツらは，ヨーロパ全体で資源税を導入し，課税収入を資源生産性基金として，資源生産性向上に向けた技術開発や設備導入，インフラ整備に活用することを提起した（R. Bleischwitz et al. 2009）。さらに，哲学者のポッゲは，貧困撲滅の角度から，全ての貧困層はグローバルな資源に対する所有権の一部をもつため，資源開発収入の一部を配当金として享有する権利があると指摘し，自然資源の利用や販売を対象としてグローバル資源配当金（Global resources dividend）を徴収し，その収入を世界の貧困撲滅に利用すべきと主張した（T. W. Pogge 2001）。

概すれば，再生不能資源の代替問題から二つの公平性問題が浮上した。一つは，世代間の効率的で公平な資源配分の問題である。もう一つは，資源保有国・地域と資源消費国・地域間の効率性・公平性問題である。この二つの議論が共通する点は，適切な公的介入の必要性を提起したことである。また，共通の公的介入策として，再生不能資源に課税を行い，その税収を人工資本の蓄積や代替エネルギー源の開発などに利用することが望ましい，とされている。これは，資源税の第二の理論的根拠である。

(3) レントとしての資源税

第三の根拠は，多くの国で鉱物資源が国有制（連邦政府や州政府所有制）を採用していることから，公的資産（Public treasury）の概念に基づき，政府がレントを徴収する権利があるとする議論である。レントとは，土地所有者が一切の他人を排除し，地球の一定部分を彼らの私的意思の専有領域

として支配することに伴う経済的余剰である。その概念は，アダム・スミスの定義「土地の使用に対して支払われる価格」(『国富論』第7章) に由来する。ここではレントの概念は地代の意味に相当する。スミスは，地代は普通価格が十分な価格を超過する場合に限り発生すると説明する。後に，リカードはレントを「大地の生産物のうち，土壌の本源的で不滅な力の使用に対して地主に支払われる部分」と定義し，レントと利子など資本使用に対する支払い額の合計は地代であるとレントの概念を発展させた (リカード 1817：56ページ)。さらに，アルフレッド・マーシャルは，地代は農業ないし土地にのみ特有なものではなく，一般的にレントを「何らかの特定物の賃貸をなす場合のこの対価たる支払」と広く解釈する (マーシャル1920：第1分冊152ページ)。

　原油や石炭といった再生不能資源の賦存の不確実性のため，資源開発企業は鉱物の探査から採取までは多大な資金とリスクを負担しなくてはならない。たとえば，多額な探査費用と時間をかけて資源を探査する必要があり，有望となる鉱業権と採掘権を取得し，操業許可が下りるまでに必要な環境アセスメントや地域住民の説得，用地の取得，出荷のための道路・港湾の整備または新設といったインフラ整備などの準備事業が必要である。そのうえ，資源価格の乱高下や戦争，政権交代などによるリスクも大きい。これだけの資金とリスクを負担して資源開発するわけであるから，各企業が利潤を最大化しようと考えるのは当然であろう。また，発展途上国では，物資を現地調達できる範囲が限られているため，鉱業企業は通常より高い利益が得られる。したがって，資源産業は一般的に多くの超過利潤が得られる。伝統的な鉱業ロイヤリティーに代表されるように，国家や地方政府，土地所有者が，資源という公的資産の所有者の立場から一般的なレントを徴収することは，所有者としての権益を守る手段であり，公的資産の利用を維持管理する対価を獲得する手段でもある。

　しかし，ロイヤリティー[3]制度では，資源開発企業の総収益と比較すると，政府が得られる税収はほんの一部に過ぎないと指摘されている。また，租税中立の観点から課税を通じて製品価格や生産費用を強制的に変更する

ことなど,政府がみだりに干渉することは企業の投資意欲を抑制し,最終的に社会全体の収益を減少させてしまうことが懸念される (Garnaut and Clunies 1975, 1979)。それより,政府は資源の開発に当たって発生する経済的レントへの課税を通じて,資源の調査および開発の最適化,鉱物レントの再投資に対するインセンティブの提供などを実現させることが望ましい (Sarma and Naresh 2001)。さらに,レント税と比べ,ロイヤリティーや従量税の場合,収益性の低い開発企業に重課し,収益性の高い企業に軽課する逆進性をもつため,経済効率の視点からもレント税の方が優れている (H. Ergas et al. 2010)。こうした考え方に基づく再生不能資源課税には,以下のようないくつかのスキームが存在する。

①ブラウン税(Brown tax):資源プロジェクトの毎年のネット・キャッシュ・フローに対して一定比率で課税が行われ,マイナスのネット・キャッシュ・フローが生じた場合は還付が行われる税である (E. C. Brown 1948)。
② Garnaut = Clunies Ross 資源レント税:マイナスのネット・キャッシュ・フローに対して還付ではなく,一定値まで繰り越し将来の利潤からの相殺が行われるキャッシュ・フロー税である (Garnaut and Clunies 1975, 1983)。
③超過利潤税:投資プロジェクトの回収比率が1以上の場合,プロジェクトのネット・キャッシュ・フローに対して課される税である。

たとえば,ブラウン税は,図1–2を用いて,次のように説明できる。図1–2において,P_wは資源の国際価格を表し一定と仮定され,曲線Sは資源の供給曲線を表す。ブラウン税は資源プロジェクトの毎年のネット・キャッシュ・フローに対して一定比率で課税が行われるため,資源の需給均衡点は,SとP_wが交わるE_0で決まり,そのもとで生産量はQ_0で決定され,$P_w P_t E_0$の囲む部分は政府の税収入に当たる。

---

3) ロイヤリティーとは,鉱業権の所有者(国,地方政府,土地所有者等)が,資源開発企業に鉱業権を付与することと引き換えに,地下資源の探鉱,生産に必要な費用を負担することなしに生産物に対して留保する取り分のことである。

図1-2 ブラウン税

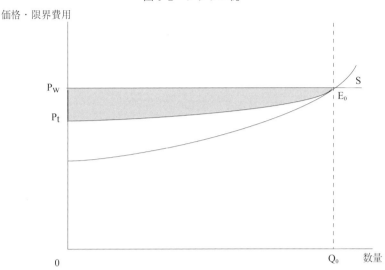

(4) 外部不経済の内部化と資源税

　再生不能資源課税の第四の根拠は，前述の再生不能資源に関連する論点とは異なり，再生不能資源の開発と利用に伴う外部不経済の内部化理論に由来する。昨今の環境税理論とも関連するが，環境税の理論はマーシャルの外部性認識に端を発し，それは外部不経済を内部化するための公共介入肯定論の系譜に発展した（諸富 2000：22ページ）。ピグーはマーシャルの外部性認識を継承し，著書『厚生経済学』（A. C. Pigou 1920）では，石炭を燃料とする列車からの火の粉が森林や畑に及ぼす被害を取り上げ，石炭の消費に伴う外部不経済の内部化と社会厚生の最大化を実現するためには，税を導入すべきであると説いた。これがいわゆるピグー税であり，環境税の原型である。クネーゼとバウアーは，著書『水質管理論（Managing Water Quality）』（Knese and Bower 1968）において，水質汚染の制御問題を素材に，環境税を理論的・実証的に研究し，環境税による水質管理が費用効率的であることを理論的に示した（諸富 2000：15, 24ページ）。また，

ボーモルとオーツはピグー税の実現可能性を視野に入れ，汚染物質に対して実現可能な環境目標を設定し，一定税率で課税を行うことでその分だけの汚染物質の外部費用の内部化を実現し，当初の環境目標が達成できれば，さらに税負担を引き上げ，所定の目標が達成されるまで繰り返し行うというボーモル＝オーツ税を提唱した（Baumol and Oates 1971）。

　周知のように，一次エネルギー資源の利用過程においては，大気汚染に代表される環境汚染問題を引き起こしている。欧州委員会による「ExternE : Externalities of Energy」の2005年度の調査報告書[4]では，発電産業の化石燃料利用による外部性の問題は，硫黄酸化物や窒素酸化物などの大気汚染が健康や農産物，建造物，生態系に与える被害，二酸化炭素，メタン，亜酸化窒素排出で引き起こされる地球温暖化問題，騒音被害，土地利用問題などを取り上げている。

　しかしながら，資源の採掘現場ではより深刻な問題が発生している。資源の開発利用に伴い，主に3種類の環境問題をもたらしている。

　①地質破壊問題。露天採掘は鉱脈に達するまでに表土や植被が剥離され，その表土が流失して生態系が破壊される。また，坑内採掘は地下水脈を破壊し，地盤沈下や地割れ，陥没を引き起こす。
　②土地利用問題。鉱石の採掘過程では，掘り出した土や岩の置き場所，発生する石炭残渣や尾鉱など大量な廃棄物の埋立地を確保したり，また，鉱石の輸送のために道路を作ったりするために，大量の農地が占用され，森林が破壊されてしまう。
　③汚染問題。鉱石の採掘や選鉱の過程では多くの汚染物質が排出される。石炭採掘の場合，採掘作業現場や運搬トラックから発生する粉塵，石炭残渣の自然燃焼などが深刻な大気汚染をもたらす。また，石炭選別や洗浄過程で排出される汚水の成分が複雑で，大量な石炭粉塵や重金属などが含まれる。これらの有毒，有害な物質が土壌を汚染してしまうと，長期間にわたって滞在し，発見されにくいため，大気汚染や水質汚染より大きな危険性を有する。さらに，炭鉱で発生する廃水が河川に排出されれば，鉱区内にとどまらず，

---

4) ExternE : Externalities of Energy（Methodology 2005 Update）（http : //www.externe.info/externe_2006/brussels/methup05a.pdf，最終閲覧日2014年11月18日）。

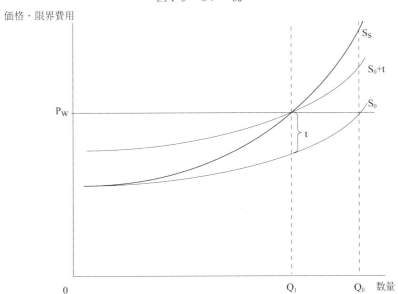

図1-3 ピグー税

周辺の生態系システム，人々の健康にも被害を与える。

　以上を踏まえると，ピグー税は環境汚染問題を対象に議論しているが，資源の過剰利用の抑制策としても有効であることがわかる。つまり，資源生産企業の私的費用（給与や設備投資，販売促進費，広告宣伝費など）と，私的費用に外部費用（資源開発に伴う環境悪化による社会的損失の貨幣的評価額）を加えた社会的費用との差に相当する税をかけることによって外部不経済の内部化が進む。その結果，資源採掘量の抑制，資源の過剰利用の緩和，そして環境負荷の軽減の効果がもたらされる。この主張を図示すると，図1-3のようになる。P_wは資源の国際価格を表し，一定と仮定する。曲線S_0は資源の供給曲線を表す。資源産業に課税措置が導入される前に，資源の需給均衡点は，S_0とP_wが交わるところで決まり，そのもとで生産量はQ_0である。しかし，外部費用を加えた実際の社会的限界費用曲線はS_sであり，社会的限界費用曲線S_sがP_wと交わる点は社会的に最適な均衡

点である。そのもとでの資源生産量はQ_1である。なお，S_sとS_0の乖離の度合いに相当する外部費用は，生産量の増加に伴って拡大することがわかる。そこで，社会的限界費用曲線S_sとS_0の差に相当する税（$=t$）をかけることで，S_0をS_0+tにシフトさせ，生産量が社会的に望ましい水準Q_1に減少させることができる。

　ここでは，環境税と資源税を明確に区別しておく必要がある。上述したとおり，環境税の理論的起源はA・C・ピグー（1920）からはじまる。課税目的は外部不経済を内部化して経済厚生を最大化する点にある。一方，再生不能資源への課税に関する理論的起源は，H・ホテリング（1931）に求められる。ホテリングは，純資産価格に注目し，再生不能資源の市場価格が資源の短期的な資産価値としてしか反映できないところを問題視し，それが原因になって資源採掘が望ましい水準を超えて過剰に行われ，資源の枯渇が加速することを懸念した。したがって，資源税（原文では採掘税）を課し，長期的な観点から現行の市場価格に再生不能資源の希少性を反映させる必要があるとした。このように資源税と環境税は問題の解決にあたって，どちらも政府の介入を取り上げているが，両者の理論的根拠は異なる。

　また，環境税とは，その根拠法において立法者ははっきりと環境負荷の抑制を目的として謳っており，なおかつ，課税標準が環境に負荷を与える物質におかれている税を指す（諸富 2000：4ページ）。資源税は最適な資源管理の観点から導入されたものであり，元来環境負荷の抑制を目的としていない。仮に環境負荷を抑制する効果をもつとしても，副次的な効果である。

　さらに，資源税の課税対象は市場経済システムで取引できる資源であり，課税することによって，資源の希少性を採掘費用に組み込み，資源の市場価格が上昇するというシグナルを持つ。これに対して，環境税は市場取引できない環境資源が利用されることによって，市場経済システムの外部に発生した社会的費用を内部化させるための経済的手段である。

　以上のように，資源税は環境税とは異なる税として分類すべきである[5]。

小括

　本章の議論をまとめると，資源税の根拠は，①再生不能資源の開発利用の最適経路の実現手段，②再生不能資源に代替可能な人工資本の開発・蓄積のための財源調達手段，③再生不能資源の開発利用を管理する資源所有者への支払い手段，④再生不能資源の開発利用に伴う外部不経済の内部化手段，の四つにある。

　しかし，上記の課税根拠論はいずれも資本主義国家の市場経済システムを前提に議論したものである。本書で注目したのは社会主義国家である中国の資源税である。社会主義国家では，あらゆる資源の公有制を前提に，全国経済は国が統一して指導するものである。開発した鉱物資源はすべて国に上納され，計画的に国有企業に配分されていた。国有企業の利潤もすべて国に吸い上げられ，日常運転資金は全額国家財政から下ろされるという形を採っていたため，そもそも租税は必要ではなかったのである。こうしたなか，計画経済から市場経済への移行とともに資源税を入れることによって，鉱物資源の有償利用をはじめたが，中央政府による鉱物資源の開発利用に対する集権的な統制管理の仕方などからみれば，計画経済の時代に行われていたことはいまだに色濃く残っている。

　しかも，序章で触れたように，遡れば中国の資源税の原型となるものは夏王朝時代に登場したものであり，経済学も財政学も存在していなかった時代である。その導入は天に賦与され，自給自足できない万人が平等に必要とされる塩・鉄の専売制度を通じて，中央政府の財源調達のためであった（詳細は第8章を参照）。決して今日の租税理論を参考にしたわけではない。

　したがって，本章で考察した資源税の四つの課税根拠は中国資源税を研

5）ただ，OECD（2006）の環境関連税の定義，つまり，「特定の環境に関連した課税対象に対して課税される政府への強制的，一方的な支払い」によれば，天然資源への課税を環境関連税として分類することができる。

究する際の重要な参照点にはなるが，中国の資源税を議論した場合，社会主義国家体制のもとでの資源の管理体制と資源税，および社会主義国家の税財政システムの役割とそのなかでの資源税の位置づけと機能，そして政府間関係のなかの資源税，もっと昔の歴史上の資源税といった側面から中国資源税そのものについて総合的な研究が必要である。それが本書で採ったアプローチでもある。

第2章

中国税制の全体像と資源関連税

1. 中国の税制の概要と体系

(1) 現在の税体系の確立

今日の中国の税体系は、1994年に行われた税制改革を基に成り立っている。それ以前の税財政体制は幾度か調整をうけ、主に二つの段階を経て変遷してきたものである。つまり、①1950年から1979年までの「統収統支（統一収入，統一支出）」段階、および②1980年から1993年までの「請負」段階である。

「統一収入，統一支出」段階では、政府の財政と企業財務を合一し、利潤を上げた企業はそれを全額政府に上納し、この財源は計画に従って各企業に配分される、という統一した高度集中的な財政システムが組織、維持されていた。この財政システムは資本主義諸国ないし市場経済の下での財政とは性質の異なるものであり、いわゆる「社会主義国家財政」である[1]。

---

1) 社会主義国家財政は、生産手段公有制の基礎の上に打ち立てられたものであり、全国経済は国が統一して指導するものである。したがって、財政は生産分野外の分配関係を含むばかりでなく、生産分野内の分配関係も含み、国家予算、銀行貸出、企業財務を含む一つの社会主義財政システムである（呉敬璉 2007：248ページを参照）。

社会主義国家財政システムにおける租税の役割は，資本主義経済を対象とする規範的な租税理論における公共サービスの費用調達や所得の再分配，経済の安定化といった租税の役割とは異なる。社会主義国家の租税は，社会の共同需要を満たし，社会的再生産が正常に行われるために，一部の社会的余剰生産物を収用することである。租税の経済調節機能，すなわち規範的な租税理論でいう租税による経済の安定化機能は，資本主義社会の重要な財政手段であり，次の三つの経済条件を満たさない限りその機能を発揮できないとされる。つまり，①社会余剰が一定の規模になっている，②生産の社会化が一定のレベルに達している，③産業構造がある程度複雑化している，である。社会主義国家における租税の役割は適切で社会主義的平等な税負担を用いて国営企業・集団経済・個人・私営経済の適切な発展を促進し，国家のあらゆる資源の適切な配分および経済効率を向上させ，国家や企業，個人の間の利益関係を調整し，あらゆる方面の積極性を引き出すことである（杜萌昆 1989：69-108ページ）。しかしながら，建国初期から厳しい財政難に悩まされていながら，軍備の強化および戦後の復興のため，事実上財源調達手段としての租税の役割がもっとも重視されていた[2]。

　そのような税財政システムに変化をもたらしたのは，政府と企業との関係の変化である。1970年代末に始まった国有企業の「企業の自主権拡大」改革[3]や「利益の譲渡」[4]で，中央政府の予算収入が減り，財政バランスが悪化した。これを背景に，地方政府に収入増加・支出節約のインセンティブを与え，中央政府の収入がこれ以上減少しないよう維持するために，財

2）1954年に中華人民共和国憲法が制定されるまで臨時憲法の役割を果たしていた中国人民政治協商会議共同綱領（1949）は，「国家の税収政策は革命戦争への供給を保障し，生産の回復と発展を考慮し，国家建設の需要を満たすことを原則としなければならないため，税制を簡略化し，適切な負担を実施する」と定めている（第40条第2節）。

3）企業の自主権拡大とは，政府行政機関の企業に対する計画管理を緩め，一部これまでに必ず政府がやらなければならなかった経営の意思決定を企業の管理層が自主的に行うことを許可し，企業の管理層に一部のこれまで政府が握っていたコントロール権を移管することである（呉敬璉 2007：136ページ）。

4）利益の譲渡は「利潤留保」に代表される。国有企業に対してこれまで全部国の財政に上納していた利潤の一定部分を留保して自主的に支配することを許すことである。

政の請負制が導入された。財政の請負制とは，中央と地方の間で予め定めた方式に従って収入を分配する財政管理体制である。請負制は1980年に「分灶喫飯（かまどを分けて飯を食う）」と呼ばれた「区分収支，分級包幹（中央と地方の収支を区分し，地方は収支管理を請負う」の体制として全国25の省と自治区で実施され，1988年から全国37の省，市，自治区で正式な制度――「財政全面請負制」として展開された。この財政システムは，当初は1985年までの5年間だけ実行する期間限定制度として導入されていたことから，これまでの社会主義国家財政システムから市場化の進展に適応する新たな財政体制が確立するまでの一種の過渡的財政体制と見ることができる（李萍編 2006: 13-17ページ）。

1990年代に入り，中国は社会主義市場経済の建設を表明し，経済の改革開放を推進してきたが，この経済の動きに伴い税財政システムにおいても新体制への対応が必要となった。1993年3月，全国人民代表大会で決議された憲法改訂案では，「社会主義市場経済[5]の実現」を正式な目標として定めた。同年の中共中央14期3中全会で採択された「社会主義市場経済体制の確立における若干の問題に関わる中共中央の決定」（中共中央関于建立社会主義市場経済体制若干問題的決定）（以下，「決定」）は，中国が目標とする市場経済の青写真を示したものである。その中に，社会主義市場経済の実現段階における五つの課題を挙げ，94年以降の諸改革の指針となった。つまり，①現代企業制度の確立，②金融制度改革（中央銀行制度，商業銀行の確立），③税財政改革（税制改革，分税制改革），④統一的市場体系の確立（価格決定の自由化，経済法規の整備），⑤貿易体制改革，対外開放の一層の促進，である。

「決定」に従い，1994年の税制改革は「税法の統一化，税負担の公平化，税制の簡素化，合理的な分権化（統一税法，公平税負，簡化税制，合理分権）」を基本的な考え方として進めた。これは，各税目を整理統合して，中央と

---

5) 社会主義市場経済は「社会主義と市場経済の優れた点を結合したもの」また「社会主義的所有制度を主体とし，それを前提とした市場中心の経済システム」と定義される（曹瑞林 2000: 51ページ）。

地方双方の意欲を呼び起こせる合理的に分権化できた税収管理体制を構築し，統一した税法の下，企業の所有形態等の経済性質や地域の相違による税の不平等を排除し，公平な経済競争確保のため税負担を公平化させた税収管理体制を構築することを意味する。それを実現するに当たって，分税制の改革も税制改革の一環として行われた。(劉克崮・賈康編　2008：261ページ)。1994年税制改革と分税制改革を転換点に，社会主義国家財政システムから社会主義市場経済下の財政システムへの移行と構築が始まった。

(2) 1994年の税制改革と分税制改革

　1994年の税制改革は，主に流通税制の改革，企業所得税制の改革，個人所得税制の改革，その他の税制の改革といった税制の改革と，分税制などの財政体制の改革からなる。流通税改革の重点は増値税（付加価値税）の推進，消費税（個別消費税）の導入，営業税（サービス消費税）の改革である。企業所得税の改革については，その対象を国内企業のみとし，それまでの国営企業所得税，集団企業所得税および私営企業所得税が廃止され，統一した企業所得税が創設された。また，新「個人所得税法」の実施に伴って，中国人を対象に適用した城郷個体工商戸所得税（都市個人事業者所得税）および個人収入調節税と，外国人を対象に適用した個人所得税を個人所得税に統一した。このほか，5段階の超過累進税率や所得控除も適用するようになった。

　その他の税制については，不動産取引により生じた利益を調節するための土地増値税を創設し，資源税の課税範囲の拡大などを通じて，経済情勢に合わせた新税の導入や既存の税目の整理が合わせて行われた。

　同時に，1994年の税制改革と一体して行った分税制の改革は，1993年12月の国務院の「分税制財政管理体制の実施に関する決定」（関于実施分税制財政管理体制的決定）の公布によって実施された。分税制は，分権，分税，分機構の3点を主な内容とする。第一に，財政請負制を廃止し，中央政府と地方政府の権限を明らかにし，それに適した財政支出の範囲を確定する（分権）。第二に，各種税目を中央税と地方税，中央地方共有税（税収を中

央と地方（省レベル）が共同でシェアする。以下，共有税）に区分し，中央と地方との間の税源配分を行う（分税）。第三に，それまでに国や地方の区別がなかった税務局を国家，および地方の各税務局に分離，独立化し，国税，地方税の徴収システムを整備する（分機構）（曹瑞林 2004：119-120ページ；劉克崮・賈康編 2008：346-347ページ）。

(3) 現在の主要な税体系

（A）現在の中国税体系

1994年の税制改革で中国の税制は改革前の32種類の税から20余りの税種の税制に改められた。また，分税制改革で税種が中央税と地方税に分け，政府間で税源配分を行い，中央と地方財政の分担システムが確立された。現在の中国の税体系は表2-1にまとめることができる。

表2-1　中国税体系（2014年現在）

Ⅰ．直接税	1．所得課税	1）企業所得税（共） 2）個人所得税（共）
	2．収益税	3）資源税（共） 4）城鎮土地使用税（地）
	3．資産課税	5）不動産税（中国語：房産税）（地） 6）車船税（地）
	4．キャピタル・ゲイン税	7）土地増値税（地）
Ⅱ．間接税	5．消費課税	8）増値税（共） 9）営業税（共） 10）消費税（中） 11）関税（中） 12）城鎮維護建設税（共） 13）たばこ税（中国語：煙葉税）（地）
	6．流通課税	14）印紙税（中国語：印花税）（共） 15）船舶トン税（中国語：船舶噸税）（中） 16）契約税（中国語：契税）（地） 17）車両購置税（中）
Ⅲ．その他の税	7．その他の税	18）耕地占用税（地）

注：各税名称の次に括弧書きされている「共」は共有税，「地」は地方税，「中」は中央税を意味する。
出所：曹瑞林（2004：31ページ），劉佐（2014：484ページ）より作成。

（B）税外収入

　中国各級政府は前述した租税収入のほかに，「税外収入（中国語：非税収入）」を持っている。税外収入とは，各級政府および各主管部門，各企業・事業・行政単位がそれぞれ法律に依拠して行政権力や国有資源，国有財産を利用すること，または特定の公共サービスを提供することを通じて徴収，調達した租税収入や政府債務収入以外の財政収入である。

　財政部の2011年政府収支分類科目によれば，税外収入は次の8種類に分けられる。①政府性基金収入（各級政府や部門が法律や行政法規定に基づき，特定の公共事業のために設立，管理される基金収入。例えば，山西省石炭持続可能発展基金や育林基金，森林植被回復費など），②専項収入（特定需要に応じて国務院が直接承認し，または財務部が国務院の授権を受けて承認，設置および徴収する特定目的にのみ使用される特定事業収入。たとえば，排汚費や水資源費，鉱物資源補償費，探鉱権・採鉱権使用費および代金など），③宝くじ公益金収入，④行政事業性収費収入（行政部門が徴収する検査料や登録許可費，手数料などの行政経費），⑤罰金収入，⑥国有資本経営収入（国有銀行や企業からの利潤・配当・利息収入，国有資産譲渡益など），⑦国有資源（資産）有償使用収入（鉱区使用費，中外合作企業場所使用費など），⑧その他の収入（寄付金や石油特別収益金など）。

　税外収入の規模については，2013年の国家財政総収入は11兆7253億元であるが，そのうち租税収入は，10兆614億元であり，税外収入は1兆6639億元で，総収入の1割強も占める[6]。したがって，税外収入は一般予算資金の補充として国家財政を構成する重要な一部分であるため，中国の税制を分析する際，税外収入も無視してはならない。資源税の研究においては，税外収入に属する「費」の徴収も極めて重要な経済的手段として議論する必要がある。

6）『中国統計年鑑』（2013年版）による。

2. 中国の資源関連税の概要

現在，中国においては，資源税暫行条例（国務院令 1994：139号，2011年9月30日改訂）および鉱物資源補償費徴収管理規定（鉱産資源補償費徴収管理規定）（国務院令 1994：150号文書，1997年7月13日改訂），探鉱権・採鉱権使用費および代金の管理方法（探鉱権採鉱権使用費和価款管理弁法）（財総字 1999：74号文書），石油特別収益金徴収管理方法（石油特別収益金徴収管理弁法）（財企 2006：72号文書）などの法制度が存在する。整理すると，石炭，原油，天然ガス，金属鉱原鉱，非金属鉱原鉱の5種類の再生不能資源を対象に，資源税と鉱物資源補償費（Mineral resources compensation fees），鉱業権有償使用費（Mineral right royalty）[7]，石油特別収益金（Special oil gain levy）の4種類[8]の税や費（課徴金）が導入されている（表2–2）。そのうち，資源税は唯一国務院行政法規の形で制定した租税条例（草案）に基づき徴収する税である。本来なら「税」と「費」は異なる経済的手段であるが，現実では，鉱物資源補償費収入・鉱業権有償使用費収入・石油特別収益金が資源税と同様に資源管理の観点から導入された手段であり，前述したように税外収入でありながら一般予算資金の補充手段として，再生不能資源の適正利用や資源調査事業に対する管理強化に支出され，租税とほぼ同じような働きをもつ。したがって，本章では，これらの経済的手段を「資源関連税」として扱う。

中国における資源関連税の税収規模は，表2–3に示したように，国の財政収入に占める割合はまだ小さいが，近年顕著に増加している。資源税は

---

[7] 探鉱権・採鉱権使用費および代金は，「探鉱権・採鉱権使用費および代金の管理方法」に基づき，特定の企業に対して鉱物資源の探査や採掘の権利を付与することと引き換えに，徴収する費用のことである。本章では，総じて鉱業権有償使用費と称する。また，鉱物資源に対して探査の権利と採掘の権利をそれぞれ探鉱権と採鉱権と称する。

[8] 鉱区使用費（中国語）は1982年1月の「中外海洋石油資源の共同採掘条例」（対外合作開採海洋石油資源条例）（1982年1月30日国務院公布，2011年改訂）に基づき，海洋石油資源を採掘する合作企業に対して徴収していた一種の鉱業ロイヤリティーであるが，2011年11月の条例改訂とともに廃止され，資源税に統合された。

表 2-2　現行の資源関連税の基本法的枠組み

項目	法規名称	法規類別	施行日	採択機関
資源税	資源税暫行条例	国務院行政法規	1994.1.1	国務院
	資源税暫行条例実施細則	部門規則	1993.12.30	財政部
鉱物資源補償費	鉱産資源補償費徴収管理規定	国務院行政法規	1994.4.1	国務院
	関于修改「鉱産資源補償費徴収管理規定」的決定	国務院行政法規	1997.7.3	国務院
	鉱産資源補償費使用管理弁法	部門規則	2001.11.22	財政部,国土資源部
鉱業権有償使用費	探鉱権採鉱権使用費和価款管理弁法	部門規則	1999.6.7	財政部,国土資源部
	関于探鉱権採鉱権使用費和価款管理弁法的補充通知	部門規則	1999.11.11	財政部,国土資源部
	探鉱権採鉱権使用費和価款使用管理弁法（試行）	部門規則	2003.11.10	財政部,国土資源部
石油特別収益金	関于開徴石油特別収益金的決定	部門規則	2006.3.15	国務院
	石油特別収益金徴収管理弁法	部門規則	2006.3.26	財政部
	関于徴収石油特別収益金有関問題的補充通知	部門規則	2006.6.30	財政部
	関于調整石油特別収益金徴収方式的通知	部門規則	2012.3.28	財政部

1984年10月1日から徴収をはじめたため，当年度の税収について統計上では3ヶ月分しか反映されていなかったが，翌年から16.64億元の税収が集まるようになった。1994年からは納税義務者が一部の大手国有資源採掘企業から全ての採掘企業に拡大したことにより，税収が倍ほど上り，その後

に顕著な伸びを見せている。鉱物資源補償費は1994年4月1日から徴収がはじまり，初年度には徴収体制が不完全のため，河北省や山東省，黒竜江省等の19の省から2.02億元しか徴収できなかったが，翌年からは各省の徴収体制が強化され，税収の大幅増に至った。また，2006年は「鉱物資源補償費の徴収および管理強化に関する通達」(関于加強鉱産資源補償費徴収管理的通知)(国土資発 2006：116号文書)が施行され，徴収が厳格になったことに加え，翌年には，国務院の指示に基づいて鉱業権利関係の全国調査もあり，納税義務者数が一気に増えたため，2007年には税収がまた一段と増加した(中国鉱業年鑑編集部 2007：40-41ページ)。しかし，表2-3に示されたように，ほかの資源関連税より鉱物資源補償費の税収規模は比較的小さいことがわかる。その原因としては，鉱物資源補償費を計算する際に，採掘回収率[9]係数を使用しており，係数が小さければ，企業が支払うべき鉱物資源補償費の金額が小さくなる。採掘回収率係数は実際採掘回収率に対する査定採掘回収率の割合(査定採掘回収率/実際採掘回収率)で決まる。査定採掘回収率は企業が新規採掘プロジェクトを導入する際に所管の政府部門に申告し，認可を受けなければならないが，採掘企業は申請する際に査定採掘回収率を実際より低く申告し，鉱物資源補償費の納付額を低く抑えようとする傾向があると考えられる。

　1999年6月7日に鉱業権有償使用費の徴収が正式に開始したが，関連の鉱業権の譲渡管理の法規定が未整備のため，2002年までに税収が低迷していた。しかし，2003年に「探鉱権・採鉱権入札募集・競売・公示払下管理規定(試行)」(探鉱権採鉱権招標拍買挂牌管理規定(試行))(国土資発 2003：197号)，および「探鉱権・採鉱権使用費と代金の使用管理方法(試行)」(探鉱権採鉱権使用費和価款使用管理弁法(試行))(財建 2003：530号)が整備できたこともあって，徴収が本格化し，税収が増加した。2004年の「探鉱権採鉱権代金の管理のさらなる強化に関する通達」(関于進一歩加強探鉱権採

---

9) 採掘回収率とは，鉱山や採鉱場の埋蔵鉱量に対し，採掘し得る鉱量の比率である。査定採掘回収率は鉱山の生産設計業者が提出し，所管の政府部門が査定したものである。実際採掘回収率は現地で測定計算したものである。

表 2-3　資源関連税収の推移（1984～2009年）［単位：億元］

年度	資源税	鉱物資源補償費	鉱業権有償使用費	石油特別収益金	資源関連税収①	国家財政収入②	①／②
1984.9～12	4.13	n/a	n/a	n/a	4.13	1,642.86	0.25%
1985	16.64	n/a	n/a	n/a	16.64	2,004.82	0.83%
1986	18.62	n/a	n/a	n/a	18.62	2,122.01	0.88%
1987	20.96	n/a	n/a	n/a	20.96	2,199.35	0.95%
1988	20.79	n/a	n/a	n/a	20.79	2,357.24	0.88%
1989	20.51	n/a	n/a	n/a	20.51	2,664.90	0.77%
1990	22.1	n/a	n/a	n/a	22.1	2,937.10	0.75%
1991	21.41	n/a	n/a	n/a	21.41	3,149.48	0.68%
1992	23.73	n/a	n/a	n/a	23.73	3,483.37	0.68%
1993	25.61	n/a	n/a	n/a	25.61	4,348.95	0.59%
1994	45.5	2.02	n/a	n/a	47.52	5,218.10	0.91%
1995	55.1	9.98	n/a	n/a	65.08	6,242.20	1.04%
1996	57.3	9.75	n/a	n/a	67.05	7,407.99	0.91%
1997	56.6	10.33	n/a	n/a	66.93	8,651.14	0.77%
1998	61.9	10.08	n/a	n/a	71.98	9,875.95	0.73%
1999	62.9	11.1	2.52	n/a	76.52	11,444.08	0.67%
2000	63.6	13.6	1.33	n/a	78.53	13,395.23	0.59%
2001	67.1	17.5	6.42	n/a	91.02	16,386.04	0.56%
2002	75.1	26.2	6.32	n/a	107.62	18,903.64	0.57%
2003	83.1	25.7	62.57	n/a	171.37	21,715.25	0.79%
2004	99.1	30.8	104	n/a	233.9	26,396.47	0.89%
2005	142.6	43.1	120.83	n/a	306.53	31,649.29	0.97%
2006	207.3	58.14	175.46	413.19	854.09	38,760.20	2.20%
2007	261.3	89.63	178.58	626.08	1,155.59	51,321.78	2.25%
2008	301.6	113.44	186.73	1,344.98	1,946.75	61,330.35	3.17%
2009	338.2	113.38	117.26	334.2	903.04	68,518.30	1.32%

注：1．鉱業権有償使用費収入について，1999年から2002年までの数字は鉱業権使用費と鉱業権代金を合算したものである。2003年以降は鉱業権使用費に探鉱権譲渡代金および採鉱権譲渡代金を加算して算出したものである。なお，探鉱権と採鉱権の転売取引収入は含まない。
　　2．石油特別収益金に関する公式な統計データが公表されていないため，ここでは中国石油天然気股份有限公司と中国石油化工股份有限公司，中国海洋石油総公司の年度報告各年版に基づき作成。
　　3．n/a はデータが存在しないことを示す。
出所：中国鉱業年鑑編集部編『中国鉱業年鑑』（1996～2010年各年版），中国地質鉱産部編『中国地質鉱産年鑑』（1995～1997年各年版），中国国土資源年鑑編集部編『中国国土資源年鑑』（1999～2010年各年版），中国財政年鑑編集部編『中国財政年鑑』（2001～2010年各年版），国家税務総局編『中国税務年鑑』（1993～2010年各年版），中国石油天然気股份有限公司年度報告（2006～2009年各年版），中国石油化工股份有限公司年度報告（2006～2009年各年版），中国海洋石油総公司年度報告（2006～2009年各年版）より作成。

鉱権価款管理的通知）（国土資発 2004：97号文書）によって徴収が強化され，税収は顕著に増加した。2006年3月には石油特別収益金が加わり，資源関連税収総額が一気に増加し，国家財政収入に占める割合が2％を超えるようになった。しかし，2008年秋から始まった国際金融危機に影響され，2009年の鉱山企業の生産販売量が大幅に下落したため，当年度の資源関連税収は，資源税を除けば軒並み減少した[10]。

（1）現行の資源関連税の課税対象および税率

（A）資源税の課税対象および税率

中国の資源税制度は1984年9月に発足したものである。現行の資源税は，2011年に改訂した資源税暫行条例を根拠法に，国有鉱物資源の有償利用を実現させ，社会全体の資源消費量を抑制し，その最適利用を促進することを目的に，中国国内の陸地および海洋において，鉱物資源の採掘と塩の製造を行うすべての企業や個人に対して課税するものである。資源税の課税ベースおよび法定税率について，原油と天然ガスは従価徴収方式を導入しており，税率は売上高の5〜10％である。それ以外の石炭やその他の非金属鉱物の原鉱，鉄金属鉱物の原鉱，非鉄金属鉱物の原鉱，塩については，採掘企業の生産量もしくは販売量に応じた従量徴収方式を採用している（表2-4）。（資源税制度の導入と変遷に関する詳細は第3章で述べる）

資源税の納付税額は，以下の算式に基づいて計算する。

原油・天然ガス資源税納付税額＝総販売額×法定税率

原油・天然ガス以外の資源税納付税額＝販売量もしくは生産量×法定税率

（B）鉱物資源補償費の徴収対象および基準

鉱物資源法によって鉱物資源の有償使用が明文化されたことに対応するために，1994年に鉱物資源補償費徴収管理規定（鉱産資源補償費徴収管理規

10）2009年3月1日より，新疆の石炭資源税の税率が従来の0.3元/トン〜0.5元/トンから3元/トンまで引き上げられたことが，資源税の税収増に一部寄与したと考えられる。

表 2-4　中国の資源税の法定税率

税　目		法定税率
1．原油		売上高の 5 ～10%
2．天然ガス		売上高の 5 ～10%
3．石炭	コークス	8 ～20元/トン
	その他の石炭	0.3 ～ 5 元/トン
4．その他の非金属鉱物原鉱	普通非金属普通金属鉱物原鉱	0.5 ～20元/トン または 立方メートル
	貴金属非金属鉱物原鉱	0.5 ～20元/キログラム またはカラット
5．鉄金属鉱物原鉱（鉄・マンガン・クロム）		2 ～30元/トン
6．非鉄金属鉱物原鉱	レアアース	0.4 ～60元/トン
	その他の非鉄金属鉱原鉱	0.4 ～30元/トン
7．塩	固体塩	10 ～60元/トン
	液体塩	2 ～10元/トン

注：すべては2011年11月1日からの税率である。
出所：「『中華人民共和国資源税暫行条例』の改訂に関する国務院の決定」（関于修改「中華人民共和国資源税暫行条例」的決定）（国務院令 2011：605号文書）より。

定）（国務院令 1994：222号文書）が実施され，鉱物資源の採掘による国有資源の枯渇に対して，採掘企業は補償費を支払う鉱物資源補償費制度を導入し，採鉱権利者から鉱物資源補償費の徴収を開始した。

2012年3月31日までに，鉱物資源補償費の徴収対象は「海洋石油資源の採掘事業の鉱区使用費の徴収規定」（開采海洋石油資源繳納矿区使用費的規定）（財政部令 1989：1号文書）と「中外陸地石油資源の共同採掘事業に対する鉱区使用費の徴収暫定規定」（中外合作開采陸上石油資源繳納矿区使用費暫行規定）（財政部令 1990年：3号文書）では認められていなかった鉱物資源の採掘企業（陸地と海洋石油資源を採掘する中国系あるいは外国系企業）であった。しかし，2012年4月1日より，企業の性質を問わず，採鉱権を持つ採掘企業は一律に鉱物資源補償費を支払うようになった[11]。

---

11)「中外陸地石油資源の共同採掘事業に対する資源補償費の徴収改善通達」(关于做好中外合作開采石油資源補償費徴収工作的通知)(国土庁 2012：14号文書)を参照。

表 2-5　鉱物資源補償費率

資源の種類	補償費率（％）
1．湖塩，岩塩，天然にがり	0.5
2．石油，天然ガス，石炭，石炭層ガス，石煤，オイル・サンド	1.0
3．天然アスファルト，オイル・シェール	2.0
4．鉄，銅，鉛，金，銀，クロム，バナジウムなどの金属鉱物	2.0〜4.0
5．ウラン，トリウム，地熱	3.0
6．宝石，玉石，ダイヤモンドなどのその他の非金属鉱物	2.0〜4.0
7．炭酸ガス，硫化水素ガス，ヘリウムガス，ラドンガス	3.0
8．ミネラル・ウォーター	4.0

出所：「鉱物資源補償費徴収管理規定」より。

鉱物資源補償費は以下の算定基準に基づいて算定する。

　　鉱物資源補償費＝鉱産物売上×補償費率×採掘回収率係数
　　採掘回収率係数＝査定採掘回収率/実際採掘回収率
　　採掘回収率＝1日あたりの採鉱量/消費した工業埋蔵量[12]×100％

ここで取り扱う鉱産物売上は市場平均価格に基づき計算するが，原鉱物を直接加工して製品化する場合は，製品価格に比例した加工費用係数（調整係数）を上記の式に乗じて計算する。補償費の徴収基準は表2-5に示したとおりであり，鉱産物別に0.5〜4％の水準でそれぞれ定めてある。

（C）鉱業権有償使用費の徴収対象および料率

鉱業権有償使用費制度は，国有鉱物資源へのアクセス権を管理し，企業の採鉱権・探鉱権の取得の関連許認可を管理するために導入された制度である。1996年の鉱物資源法改訂版の発足をきっかけに整備がはじまり，1998年に国務院が公布した鉱物資源調査区域登記管理方法（鉱産資源勘査区塊登記管理弁法）（国務院令 1998：240号）と鉱物資源採掘登記管理方法（鉱産資源開采登記管理弁法）（国務院令 1998：241号）によって確立したもので

12）工業埋蔵量（Industrial reserve）とは，可採埋蔵量と設計埋蔵量の総称である。

ある。

　1999年6月7日に財政部と国土資源部が共同で公布した「探鉱権・採鉱権使用費および代金の管理方法」では，探鉱権・採鉱権使用費は国から探鉱権を取得した企業が納付する鉱業探鉱権使用費[13]（以下，探鉱権使用費）および採鉱権を取得した企業が納付する鉱業採鉱権使用費[14]（以下，採鉱権使用費）が含まれると規定した。探鉱権使用費は，調査年度を基準に計算する。徴収基準は，第1調査年度から第3調査年度までは年間100元/平方キロメートルとし，第4調査年度からは1年毎に100元/平方キロメートルずつ増加するが，500元/平方キロメートルを上限とする。

　採鉱権使用費は，鉱区面積を基準に計算する。徴収基準は1年あたり1000元/平方キロメートルとする。

　また，探鉱権・採鉱権代金とは，国が出資した鉱山開発プロジェクトの探鉱権や採鉱権を譲渡した場合，政府主管部門が承認した評価額に基づき，探鉱権利者や採鉱権利者から徴収する代金のことである。

（D）石油特別収益金の徴収対象および基準

　2004年以降の国際市場における原油価格の大幅な上昇によって，国内原油採掘企業の利益が著しく上昇し，反面に原油部門以外の各産業部門のコストが激しく上昇した現象が起きた。それを是正するために，2006年3月25日に財政部が発表した石油特別収益金徴収管理方法に基づき，石油特別収益金の徴収を始めた。

　石油特別収益金とは，原油価格が一定水準を超えた場合，石油企業の国産原油販売収入の超過分に対して段階的に課徴するものである。2006年導入した当初，石油価格が40ドル/バレルを超えた時点で徴収するようになっていた。「石油特別収益金の徴収基準の引上げに関する通知」（関于提高石

---

[13] 鉱業探鉱権使用費とは，国が鉱物資源の探鉱権を探鉱権利者に譲渡した場合，規定に基づき探鉱権利者から徴収する費用である。
[14] 鉱業採鉱権使用費とは，国が鉱物資源の採鉱権を採掘権利者に譲渡した場合，規定に基づき採掘権利者から徴収する費用である。

表 2-6　石油特別収益金の徴収基準（2011年11月1日〜）

原油価格（ドル/バレル）	適用税率	速算控除額（ドル/バレル）
55〜60	20%	0
60〜65	25%	0.25
65〜70	30%	0.75
70〜75	35%	1.50
75〜	40%	2.50

出所：「石油特別収益金の徴収基準の引上げに関する通知」より。

油特別収益金起徴点的通知）（財企 2011：480号文書）の公布により，2011年11月1日から適用基準が55ドル/バレルに引き上げられた。現行の石油特別収益金の税率は原油の販売価格に応じて5段階に分かれており，原油価格が55ドル/バレルを超えた時点で最低税率20％を適用する。5ドル/バレルごとに税率が5％ずつ加算し，75ドル/バレルを超えると最高税率40％を適用する（表2-6）。各企業は月次で下式のとおりに納付額を算出し，月ごとに財政部門に申告する[15]。

石油特別収益金＝[（原油卸価格−55）×適用税率−速算控除額]×数量×為替レート[16]

（2）現行の資源関連税の納付および使途

（A）資源税の納付および使途

資源税の納付に関しては，資源生産・採掘企業が資源を販売し，その売上を計上した時点で納付義務が発生する。納税義務者は月ごとに資源の採掘地あるいは生産地の税務部門に納税申告をしなければならない。採掘地や生産地が地域を跨る場合は，原則資源の採掘地の税務部門に納税申告を行う。

前述したように，1994年の分税制改革で資源税は共有税に分類された。

---

15) 石油特別収益金は，2012年度から四半期ごとの納付から月ごとの納付に切り替えた。
16) 中国人民銀行公表のドル対人民元為替レートの月末平均相場を使用する。

具体的には，資源税の税収のうち，海洋石油企業の納付する部分は中央収入分，それ以外の資源税収入は地方に配分される。同時に「中外海洋石油資源の共同採掘条例」と「中外陸地石油資源の共同採掘条例」（対外合作開採陸上石油資源条例）（国務院，1993年10月公布）などの関連規定により，海洋石油資源を採掘する合弁企業に対しては，鉱区使用費のみを徴収していたため，これまでの資源税はもっぱら地方税務局が徴収しており（ただし，チベットには国家税務局のみ設置されているため，自治区国家税務局が徴収する），資源税収入もほとんど地方政府の一般予算（税収収入の部）の一般財源に組み込まれる。

(B) 鉱物資源補償費と鉱業権有償使用費の納付および使途

鉱物資源補償費は，鉱山所在地の国土資源部門と財政部門が共同で半年に一度採鉱権利者から徴収する。地域を跨る鉱区や海洋鉱区について，国土資源部が権限委任を行った省レベルの国土資源部門で徴収し，一般予算（税外収入の部），かつ中央と地方政府の共同の特定事業収入として管理される。その収入の政府間配分の割合は中央と省・直轄市の間では5：5，中央と自治区（チベット，新疆，寧夏，広西，内モンゴル）および貴州省，雲南省，青海省の間では4：6である[17]。

鉱業権有償使用費は，中央や省の国土資源部門が探鉱権利者と採掘権利者から別々に徴収し，財政部門が指定する「探鉱権・採鉱権使用費，代金専用口座」に納付され，鉱物資源補償費と同じく一般予算，かつ中央と地方政府の共同の特定事業収入として管理される。その収入の政府間配分割合は，探鉱権・採鉱権使用費収入については特定の取り決めがないが，探鉱権・採鉱権代金収入については，2006年9月以降，財政部および国土資源部，中国人民銀行が共同で公布した「探鉱権・採鉱権代金収入の管理関連事項に関する通達」（関于探鉱権採鉱権価款収入管理有関事項的通知）（財建

---

17) 財政部および地質鉱産部，中国人民銀行「鉱物資源補償費の国庫納付方法の変更に関する通達」（関于改変鉱産資源補償費繳庫弁法的通知）（財預 1997：315号文書）を参照。

2006：394号文書）に基づき，中央と省の間の配分割合は 2 ：8 と定めた。各省は，更に市と県との間で配分割合を決める。

　鉱物資源補償費と鉱業権有償使用費の特定事業収入は，主に国土資源気象事務の予算に充当され，中央と地方の鉱物資源調査および鉱物資源保護，関連部門の経費および補助金などに支出されていた。近年，グリーン経済が各業界から注目されるようになってからは，鉱業部門のグリーン成長，鉱物資源の節約と総合利用の促進，資源回収率の向上などを実現するために，2010年11月19日の財政部と国土資源部が共同で「鉱物資源の特定事業収入の統一的な配分と使用に関する通達」（関于将鉱産資源専項収入統籌安排使用的通知）（財建 2010：925号文書）を公布した。それに基づき，特定事業収入の中央収入分は鉱物資源特定事業収入（鉱産資源専項収入）として管理し，特定の目的に支出すると規定した。特定の目的は，次の10項目の内容からなる。①基礎性・公益性の性格をもつ地質鉱物の調査評価および管理，②戦略的鉱物資源の調査，③中央地質調査基金プロジェクト，④海外鉱物資源のリスク調査，⑤鉱山地質の環境回復対策，⑥鉱物資源の節約および総合利用，⑦国家級地質遺跡の保護および地質遺跡標本の購入，⑧鉱物資源専用資金の徴収および管理経費，⑨中央財政が負担する鉱産地の調査と発見に著しく貢献した企業への奨励金，⑩財政部や国土資源部が共同で承認した地質や鉱業関連のその他の支出，である。

　省・直轄市およびそれ以下の行政レベルにおいても，中央の運営形式を受けて，中央と同じように特定事業収入の地方収入分を各行政レベルの財政予算に組み入れ，鉱物資源特定事業収入として管理するようになっている。具体的には，鉱物資源の調査や鉱山地質環境の回復対策，鉱物資源の節約および総合利用，地質遺跡の保護および地質遺跡標本の購入，鉱物資源特定事業資金の徴収および管理経費などを使途として規定している。また，これまでに鉱物資源の調査や鉱物資源保護に支出されていた補助金の代わりに，実績に応じた奨励金制度（以奨代補）を導入し，各企業における鉱物資源総回収率[18]の向上に資する技術革新や研究開発の促進を目的に活用されるようになった。

（C）石油特別収益金の納付および使途

　石油特別収益金は国内の各原油採掘販売企業が月ごとに算出し，財政部門に納税申告を行う。その収入は税外収入として全額中央財政に納入し，原油の値上げによってもたらされる原油部門以外の各産業部門のコスト増の是正，林業や漁業，農業，都市交通，農村道路などへの補助金に支出される[19]。税外収入の支出に関する統計データが公開されていないため，石油特別収益金の使途に関する詳細な分析は困難であるが，一部政府発表によれば，2006年は石油特別収益金収入からは，農家総合直接補助金として120億元が支出されていた[20]。また，輸入原油を使って製造した国内で流通する製品油価格を，世界標準より安価にするよう統制するため，2008年4月からは，財政部の「製品油の市場安定供給に対する中国石油天然気股份有限公司への財政補助資金に関する通達」（関于下達中国石油天然気股份有限公司保障成品油市場供応財政補助資金的通知）（財企　2008：92号文書）に基づき，石油特別収益金収入を石油企業への一時補助金としても支出するようになった。2008年度，中国の石油メジャーである中国石油天然気股份有限公司と中国石油化工股份有限公司はそれぞれ169億元と503億元の補助金を得ていた（中国石油天然気股份有限公司　2008；中国石油化工股份有限公司　2008）。

　以上を踏まえ，中国の資源採掘企業は一般に増値税や企業所得税のほかに，資源税，鉱物資源補償費，鉱業権有償使用費，石油特別収益金を負担

18）鉱物資源総回収率とは，採掘，選鉱および精錬の三つの段階において，鉱物資源から有用鉱物を有効回収利用できる程度のことで，鉱物資源総合開発利用レベルを反映する総合性評価指標である。「鉱物資源総回収率＝採掘回収率×選鉱回収率×精錬回収率」に基づき計算する。そのうち，採掘回収率とは，鉱山や採鉱場の埋蔵量に対し，採鉱し得る鉱量の比率である。精鉱回収率とは，精選鉱石中の有用成分（または金属）の数量と原鉱中の有用成分（または金属）の数量の割合である。精錬回収率は，精錬製品中に回収された有用成分の重量が，炉に投入された精鉱中の有用成分重量に占める割合を指す。
19）「原油価格をめぐる六つの疑問に対する国家発展改革委員会の回答」（国家発展改革委回応油価六大疑問）（上海証券報，2009年7月11日，3版）を参照。
20）「2006年国民経済・社会発展計画の執行状況と2007年国民経済・社会発展計画の草案に関する報告」（関于2006年国民経済和社会発展計劃執行状況与2007年国民経済和社会発展計劃草案的報告）（2007年3月16日に第10期全人大五回会議で採択）を参照。

表 2-7 資源関連税の徴収方式および納付，税源配分，使途（2013年）

項目	徴収方式	納税義務者	徴収部門	税源配分	使途
資源税	鉱物資源の売上または生産・販売量に基づき従価または従量徴収	採掘・生産企業	税務部門	地方税収（海洋石油資源税収入を除く）	地方一般予算に組み入れられ，その一部を資源調査に支出
鉱物資源補償費	鉱物資源の売上，補償費率，採掘回収率係数に基づき徴収	採鉱権利者	国土資源部門・財政部門	中央と省・直轄市は5：5，中央と自治区は4：6	鉱物資源の調査や鉱物資源保護，関連部門の経費などの特定事業収入資金
鉱業権有償使用費					
・探鉱権・採鉱権使用費	探鉱権使用費は調査年度を基に徴収 採鉱権使用費は，鉱区面積を基に徴収	探鉱権・採鉱権利者	国土資源部門・財政部門	不明	鉱物資源の調査や鉱物資源保護，関連部門の経費などの特定事業収入資金
・探鉱権・採鉱権代金	評価額に基づき徴収	探鉱権・採鉱権利者	国土資源部門・財政部門	中央と省・直轄市は2：8	鉱物資源の調査や鉱物資源保護，関連部門の経費などの特定事業収入資金
石油特別収益金	石油価格が一定水準を超えた場合，石油企業の国産原油販売収入の超過分に対して課徴	国内原油採掘販売企業	財政部門	中央収入	所得格差是正のための補助金，石油企業への一時補助金等

しており，その課税方式および納付，税源配分，使途は表 2-7 のようにまとめることができる。

3. 中国の資源関連税の性格

(1) 制度設計からみる資源関連税の性格

前節で紹介した資源関連税制の特徴を，本書第 1 章で議論した再生不能資源の課税根拠を参照すれば，制度の設計からみる中国の資源関連税の課

表 2-8　中国の資源関連税の分類および課税根拠

課税根拠	中国の資源関連税
再生不能資源の開発利用の最適経路の実現	資源税，鉱物資源補償費
再生不能資源に代替可能な人工資本の開発・蓄積のための財源調達	鉱物資源補償費，鉱業権有償使用費
再生不能資源の開発利用を管理する資源所有者への支払い	鉱業権有償使用，石油特別収益金
再生不能資源の開発利用に伴う外部不経済の内部化	資源税，鉱物資源補償費

税根拠を，表2-8のようにまとめることができる。まず，資源税に関しては，二つの課税根拠が当てはまる。第一に，資源税は，資源の採掘加工段階で課される税金であり，一種の採掘税[21]である。採掘税は資源生産（採掘）と消費を抑制し，将来世代の資源利用の可能性を確保できるという性格について多くの先行研究で示された[22]。第二に，資源税の導入による副次的な効果として資源採掘企業の生産費用が高くなり，それに伴って資源価格が上昇し，次第に資源の消費量が減り，環境が改善されるという政策目的が窺える。

　鉱物資源補償費の場合，三つの課税根拠が当てはまる。第一に，鉱物資源補償費は鉱物資源の保護と適切な利用を促進するために導入したものである。鉱産物売上をベースに課され，資源税と同様に一種の採掘税として

---

21) 本章でいう採掘税は資源の採掘段階に対する課税を指す。課税方式には従価税や従量税があり，国や地域によっては鉱物資源売上税，資源レント税などとも呼ばれる。
22) 例えば，L. C. Gray (1914) では，採掘税は鉱山資源の採掘速度を遅らせ，より多くの採掘可能な資源を将来世代に残す効果があることを示した。A. O. Lockner (1964) は，課税の仕方および取り巻く経済環境によって工夫が必要だが，採掘税は鉱山資源の採掘速度を遅らせ，採掘量を抑制する効果があることを示した。Levhari and Liviatan (1977) は採掘税の導入は鉱山の開発期間を延長させることができるというホテリングの分析を検証すると同時に，鉱山の開発は資源が枯渇するまでではなく，鉱山企業の利益がなくなるまで続けることを示した。Dasgupta et al. (1980) は，利潤税や減耗控除，採掘税，固定資産売却益（損）課税と比較したうえ，生産費用が一定である場合，採掘税は資源の生産を延長させる効果があることを示した。Gamponia and Mendelsohn (1985) は，財産税，採掘税，棚ぼた利益税を比較し，採掘税は価格上昇率を小さくし，資源の採掘速度を遅らせることを示した。

認識できる。鉱物資源補償費の算定方式には資源の採掘回収率を導入しており，資源採掘企業の採鉱効率を高めるインセンティブを与え，資源生産と消費の最適経路の実現に寄与するものと考える。第二に，鉱物資源補償費の収入は，特定事業収入とし，鉱物資源の調査や鉱物資源の総合利用などの項目に支出される。その一部は再生不能資源に代替可能な人工資本の蓄積の財源になるケースがある。第三に，資源税と同様に，鉱物資源補償費の導入も副次的な効果として資源採掘企業の生産コストを高め，外部不経済を内部化する効果が期待できる。

鉱業権有償使用費の場合は，国が鉱物採掘企業の資源アクセス権を管理強化のため，特定の企業に対して鉱物資源の調査や採掘の権利を付与することと引き換えに徴収する費用である。この費用は第三の根拠である再生不能資源の所有者である国に支払う一種のレントに当たる。鉱業権有償使用費の収入は，鉱物資源補償費と同様に特定事業収入と決められており，一部を再生不能資源に代替可能な人工資本の蓄積のための財源にする場合がある。

最後に，石油特別収益金は資源開発企業の内部収益率がある一定の閾値に達成した場合，企業の国内原油販売収入の超過分に対して段階的に徴収する一種の超過利潤税である。鉱業権有償使用費制度のようなロイヤリティ制度では，資源価格の上昇で増加した販売収入より，得られる税収のほうがはるかに少ない傾向がある[23]。しかし，石油特別収益金の場合は，資源価格の高騰による企業の高い収益を，資源所有者となる国が最大限にシェアすることを目的とする。これは資源課税の第三の根拠に当てはまる。

以上の考察から中国の資源関連税制には，再生不能資源の開発利用の最適経路の実現や，代替可能な人工資本の開発・蓄積のための財源調達，資源の開発利用に伴う外部不経済の内部化といった政策目標が与えられているように思われる。

23）表2–3および表2–9に基づき試算した結果，2009年と2000年と比べ，鉱産物売上は1兆2597億元増えたのに対して，鉱業権有償使用費収入はわずか116億元の増加である。

(2) 運用実態からみる資源関連税の課題と本質

先行研究および統計データを踏まえ，現行の中国資源関連税制の運用実態について分析した結果，以下のような課題を指摘することができる。

(A) 低い税率構造

資源税と鉱物資源補償費は，その税率と補償費率が低く，鉱産物売上に占める税収の割合も低い。近年，資源価格の大幅な高騰を背景に，資源採掘企業は目先の利益を追求し，過剰採掘の現象が起きているなかで，資源税と鉱物資源補償費の税率および補償費率が長期にわたって低い水準にとどまっていたため，これらの企業に対する資源採掘回収率の向上につながるインセンティブが十分に働いていない（林家彬ほか 2011：102ページ)[24]。表2-9に示すように，2000年から2009年の10年間において，中国国内の鉱産物売上は3923億元から1兆6520億元に増えており，年平均増加率は19％である。採掘企業の利潤総額は1197億元から5076億元に増加し，年平均増加率は23％である。一方，石油特別収益金を除く資源関連税収入も79億元から569億元に増え，年平均増加率は26％である。しかしながら，2009年における資源税や鉱物補償費，鉱業権有償使用費が鉱産物売上に占める割合について，2000年と比較すれば，それぞれわずか0.4％と0.3％，0.7％増であり，低い水準に留まっている。

また，鉱業権有償使用費は，一種のロイヤリティーであるが，表2-9から明らかになったように鉱産物売上に対する割合は1％前後であり，同じく鉱業ロイヤリティー制度を導入している他の国々より低い水準にある[25]。そのために，過剰な企業参入と新規投資を誘発する傾向がある。この制度は，国の資源アクセス権の強化手段の一つであるが，現行では，ア

---

[24] 資源税の場合，1984年に導入されてから，1993年の税制改革を経て，2011年までの間，資源の販売量に基づく従量徴収を採用しており，法定税率の引き上げもなかった。鉱物資源補償費も1997年から変わらず一定であった。

[25] 世界各国の鉱業ロイヤリティーは一般的に2〜10％である（Hogan and Goldsworthy, 2010)。

表 2–9　資源関連税の税収の推移（2000～2009年）

単位：億元

年度	鉱産物売上	採掘企業の利潤総額	鉱産物売上に占める資源関連税割合（％）		
			資源税	鉱物資源補償費	鉱業権有償使用費
2000	3,923	1,197	1.62	0.35	0.03
2001	4,085	1,072	1.64	0.43	0.16
2002	4,077	1,056	1.84	0.64	0.16
2003	5,320	1,465	1.56	0.48	1.18
2004	8,467	2,359	1.17	0.36	1.23
2005	9,873	3,926	1.44	0.44	1.22
2006	12,634	4,951	1.64	0.46	1.39
2007	14,281	5,444	1.83	0.63	1.25
2008	18,695	8,227	1.61	0.61	1.00
2009	16,520	5,076	2.05	0.69	0.71

出所：中国鉱業年鑑編集部編『中国鉱業年鑑』（2001～2010年各年版），中国国土資源年鑑編集部編『中国国土資源年鑑』（2001～2010年各年版），中国財政年鑑編集部編『中国財政年鑑』（2001～2010年各年版），中国統計年鑑編集部編『中国統計年鑑』（2000～2009年各年版）より作成。

クセス権の管理のみを重視し，採掘方法や生産効率のような質面の管理制度が整備していない。そのため，資源開発権の転売を目的とする参入企業が増えている。例えば，2011年新疆の国土資源部門が発表した「2011年自治区の地質探査プロジェクトに関する専門調査状況の通告」（関于2011年自治区地質勘査項目専項検査状況的通報）（新国土資弁発 2011：49号文書）および「2010年新疆の地質調査成果の報告状況に関する通達」（関于新疆2010年地質勘査成果報送情況的通報）によれば，2010年に探鉱権を取得した6289プロジェクトのうち，探鉱活動を全く実施していない，いわゆる「ゼロ投入」のプロジェクトは583件にものぼる。

(B) 低い採掘回収率係数

資源採掘回収率を高め，資源の最適利用を促進させるために，鉱物資源補償費を算定する際に資源の採掘回収率係数を導入している。表2-9に示すように，鉱産物売上に占める鉱物資源補償費の割合（c/a）は0.35%から0.69%の水準に留まっており，法定の鉱物資源補償費率の0.5%から4%を大きく下回る。前述したように，鉱物資源補償費の算定式（鉱物資源補償費＝鉱産物売上×補償費率×採掘回収率係数）では，採掘回収率係数が低ければ，企業が支払うべき鉱物資源補償費の金額が小さくなることを意味する。採掘回収率係数は実際採掘回収率に対する査定採掘回収率の割合で決まるが，査定採掘回収率は新規採掘プロジェクトが導入される際に企業の申告に対して所管の政府部門が査定し，認可するものである。そのために，採掘企業は鉱物資源補償費の納付額を低く抑えようとする動機が働き，実際の採掘回収率より低く申告する傾向がある。

(C) 鉱業権取得におけるチェック体制の不十分さ

中国における鉱山の経営主体は，国有企業や集団所有，個人所有などである。そのほかにも数多くの「民採」[26]の鉱山が存在している。2009年には，全国の油田・ガス田は864箇所あり，すべて国有企業または国有聯営企業[27]，国有株式有限会社（国有股份有限公司）が経営している。それ以外の鉱物資源の開発に関しては，国有企業（4134社），集団所有制企業（1万4184社），株式合作制企業（股份合作制企業）（1953社），有限会社（1万102社），私営企業（7万6041社）などさまざまな開発主体が存在することがわかる（中国鉱業年鑑編集部 2010：504，508ページ）。そのため，企業鉱業権取得時にすべての企業の資質に対するチェックが十分に行えず，非科学的な資源開発による鉱山事故が多発している。2000年から2006年まで，中国で発生した炭鉱事故は累計1万8516件，死亡者は3万1064名にものぼ

---

26) 民採とは，家族や親戚などを単位とする数人から10人程度の違法採掘グループがハンマー，粉砕機など初歩的道具しか持たず，高品位部分だけを「たぬき掘り」することである。
27) 二つ以上の国有企業法人あるいは事業体の共同出資による組織形態である。

第2章　中国税制の全体像と資源関連税

表 2-10　中国の鉱物資源管理体制

主体	役割・権限	目標	業務
一級管理：中央政府（国務院）↓業務指示　↓行政指示	資源所有権の行使	資源エネルギー節約型・環境調和型社会の実現	各部を指導し，経済計画と予算を編成し，執行
二級管理：国土資源部　省・直轄市政府	資源所有権行使の受託	鉱物資源の安全確保・最適利用の実現	鉱物資源関連法規定の制定，全国鉱物資源計画の制定・実施，地質調査業界や鉱業権，地質資料，資源埋蔵量等の管理
三級管理：省・直轄市国土資源庁　市（県）政府	省・直轄市政府や国土資源部の指導に基づく業務の分担	地域経済の発展，鉱物資源の最適利用と管理，保護	国土資源部の指示に従って，現地の鉱物資源計画の制定・実施，地質調査業界や鉱業権，地質資料，資源埋蔵量等の管理
四級管理：市（県）国土資源局（分局）　郷，鎮国土資源所	市（県）政府や国土資源庁の指導に基づく業務の分担　市（県）国土資源局の指導に基づく業務の分担	地域鉱物資源の最適利用と管理，保護	企業や住民の窓口として，鉱物資源の開発利用，地質調査業界，資源埋蔵量の管理，地質環境の保護，鉱業権の承認，特定事業収入資金の徴収・管理

出所：林家彬ほか（2011）より作成。

り，「石炭生産量百万トンあたりの死亡率」は2.04人/百万トンであり，アメリカの50倍を超えている。その中，生産技術が遅れており，従業員の管理水準が低い郷鎮炭鉱の「石炭生産量百万トンあたりの死亡率」は著しく高く，10人/百万トンを上回る（林家彬ほか 2011: 58ページ）。

郷鎮炭鉱の資源回収率や選炭割合も国有炭鉱よりはるかに低く，非科学的な資源開発による炭鉱周囲の環境汚染は深刻であり，生態環境の悪化や地質災害の多発をもたらしている（何芳ほか 2012）。

以上は，資源関連税がそれぞれ抱えている問題点であるが，次に資源関連税制度の全体的な特徴や問題点をいくつか取り上げてみたい。第一に，資源開発管理の事務権限と資源関連税収の税源配分の非対称性である。表2-10が示すように，国務院は国の最高国家行政機関として，鉱物資源の所有者である国家の代わりに鉱物資源の所有権を行使する。鉱物資源の所

有権の行使とは，国務院からの法規定や政策，指令に基づき，地方の各レベルの行政機関に所有権を委託し，日常の維持管理および保護を行ってもらうことである。具体的な鉱物資源管理政策や指令の伝達ルートは二つあり併存している。一つは，中央の国土資源部から各級地方政府の国土資源部門に対して順次に伝達する部門間の政策業務指令であり，もう一つは，中央政府から各地方政府に対して順次に伝達する政府間の行政指令である。市・県レベルの国土資源局（分局）および末端の郷鎮国土資源所は，現地の鉱物資源の開発利用を直接管理するもっとも業務が集中する機関である。

　一方，中国の予算運営体制からみると，資源所有権行使が受託されている省レベルの財政は，一般予算の中で資源関連税収の多くを把握させる傾向が強く，各級地方政府の国土資源組織予算が各級地方財政の一般予算から支出される構造が築かれている。しかし，省レベル以下の予算運営体制は制度化されていないため，地方によって差異はあるが，地方財政の予算配分システムに組み込まれないケースが多く，企業からの罰金収入や手数料収入で支出が賄われている（王其謙 2007）。そのため，資源開発の現場となる地元では，生態系破壊や環境汚染の対策財源が十分に確保できず，環境回復を行いたくても行えない状況にある（詳細は第 6 章を参照）。

　第二に，資源関連税収の使途をめぐる問題である。鉱物資源補償費は資源利用による環境や生態系の影響を回復させるための補償金であり，本来なら環境回復のために支出されるべきである。しかし，現状では，鉱物資源補償費および鉱業権有償使用費の収入は，特定事業収入資金としてその 90％が鉱物資源の調査などに必要な費用に当てると規定している。残りの 10％は鉱物資源保護資金として，企業の技術開発補助金として支出されている。

　また，鉱物資源の調査費用や鉱山地質の環境回復対策費用，鉱物資源保護費用など，本来企業が負担すべき費用を，国が肩代わりする形で補助金を交付している。結果的に，企業のイニシャルコストが低くなり，資源の初期価格が低く，上昇しにくいため，図 2-1 に図示したように，資源の過

第 2 章　中国税制の全体像と資源関連税

図 2-1　資源消費と資源課税

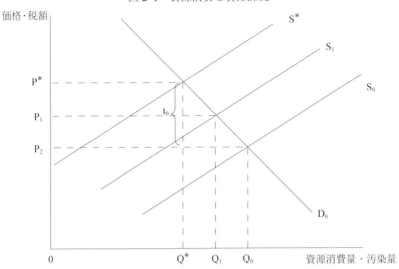

剰な採掘および消費量の拡大につながる。図 2-1 の縦軸は価格・税額を示し，横軸は資源消費量・汚染量を示す。環境への汚染量は資源消費量の増加に伴って増加すると仮定する。本来なら資源関連税 t_0 を導入することによって，鉱物資源の採掘加工費用を反映した資源供給者の私的限界費用曲線が現在の S_0 から S^* にシフトし，資源消費量・汚染量が Q_0 から Q^* に減少するはずである。しかし，資源関連税の一部が再び補助金として企業に還元されると，私的限界費用曲線が S^* ではなく，S_1 にシフトし，資源消費量・汚染量も Q_1 に留まる結果となる。

　さらに，資源税収入は地方政府の一般予算に組み入れられており，統計上では税収とその使途を関連づける手がかりが不十分であるため，環境対策や生態回復への寄与状況が不明であり，十分な評価を行えないのが現状である。結果，資源関連税は，鉱物資源開発による生態環境破壊の回復コストのための十分な財源にはならない。それだけではなく，資源関連税は再生可能エネルギーなどの鉱物資源に代替可能な人工資本の開発財源に充てるケースもほとんどない。中国と同様にアメリカの一部の州では，鉱物

資源の採掘に対して採掘税を導入している。しかし，その収入は森林基金や石炭採掘税基金，鉱山回復土地基金，生活用水インフラ整備など，資源開発によって生じた負の影響を是正するための財源のみならず，再生可能なエネルギー開発，代替資源の開発促進への融資原資などとしても運用されている（詳細は第7章を参照）。

　上記に加え，石油特別収益金のような鉱物資源超過利潤税はオーストラリアやペルーといった国でも導入されている。オーストラリアの場合，原油の値上げに影響される原油部門以外の産業支援策として，鉱物資源超過利潤税収入を法人税の減税や中小企業の支援などの財源としている。それだけではなく，州のインフラ整備や年金対策にも支出され，次の世代を配慮した政策目標も併せ持つ（Ashiabor and Saccasan 2011）。これに対して，中国の石油特別収益金は，原油の値上げに影響される農業や林業などに対する補助政策の財源にのみ充てられる。

　要するに，中国の資源関連税収入の使途は限定されている。そのため，現在世代の鉱物資源の安全確保や資源開発によって影響された産業への支援など，世代内の公平性だけに配慮しており，将来世代を念頭においた世代間公平の是正問題には目が向けられていないのが現状である。

小括

　中国における現行の資源関連税制は制度設計から見れば，再生不能資源の開発利用の最適化や外部不経済の内部化などの役割を果たすためのものであるように思われる。しかし，税率の設定や税収の配分，使途といった運用面から見た場合，大きな課題を抱えており，予期した政策効果を十分に果たせたとは言い難い。とりわけ，地方政府は，地域経済の発展や鉱物資源の最適利用と管理，保護という国が定めた中長期政策目標のもとで，中央政府の指示に基づき，現地の鉱物資源計画を制定・実施し，地質調査業界や鉱業権，地質資料，資源埋蔵量等の管理を実施している。しかし，資源関連税収の多くを直接省レベルの地方政府に配分してしまったため，

地元政府がより多くの鉱物資源を確保し，地域社会や経済の発展を優先する場合，貴重な財源を環境回復の資金として再投入せず，資源関連産業の支援や鉱山開発の財源，地域経済発展の財源として支出する傾向が強くなってしまう。実際の統計によれば，2004から2009年までの地方財政支出に占める政府の鉱山環境回復対策費は平均0.05%に留まっている[28]。したがって，現行の資源関連税制の設計および運用，そして，資源関連税収を財源とする鉱物資源管理体制では，本来強化されるべき資源の最適利用や環境破壊に対するモニタリング能力の整備を遅らせただけではなく，末端の市・県および郷鎮レベルの資源管理部門の財源不足の問題が政策の執行力を弱めてしまうことが懸念される。

　今後，これらの課題や懸念事項を解消，解決するには，このような制度構造や体制になった原因を究明する必要がある。しかし，中国の産業分類では，鉱業が独立の産業分野として取扱われていないため，鉱業に属する分野のみを独立させた各種統計などは比較的得にくい。また，政策立案などに際しても，鉱業はエネルギー産業にも，精錬・製品化を含む原材料工業にも含まれ，エネルギー部門以外の鉱業について論じることは難しい。

---

28)『中国国土資源年鑑』,『中国財政年鑑』各年版に基づき計算。

第3章

中国資源税の展開と成果（1984年から2010年まで）

1. はじめに

　中国の資源税制度は，資源税条例（草案）（国発 1984：125号文書）（以下，草案）が公布され，1984年10月1日から施行された。中国国内で原油や天然ガス，石炭，金属鉱製品およびその他の非金属鉱製品，塩を開発する企業と個人に対して，資源販売量に応じて課税し，徴収する制度である。

　資源税は中央地方共有税であるが，ほとんどの税収が地方収入分であるため，実質地方税である。海洋石油資源からの資源税収入は中央収入部分となっているが，長い間徴収を停止している。資源税の税収は1985年の16.64億元から2011年の598.87億元に増え，累計額が3186.17億元に達しており，地方政府の重要な財源の一つである。

　中国の資源税制度に関する研究は数多く存在している。鮑栄華・楊虎林などは，資源税の導入根拠に焦点を当て，中国の鉱物資源が全て国有であるのに，国が自分自身に対して資源税を課すことには理論根拠が不十分である，と主張する（鮑栄華・楊虎林 1998；関鳳峻・蘇迅 1999；張文駒 2000；関鳳峻 2001；殷焱 2003；張挙鋼 2007）。他方，資源税は経済政策手段として鉱物資源の過剰な消費を抑制し，外部性問題を解決し，資源保護に資し，持続可能な発展の観点からも必要であると指摘する学者も多い

(鄭琳 1999；張秀蓮 2001；陳文東 2007；蒲志仲 2010；王萌 2010a, 2010b；張俊芝 2011)。また，政策効果に関する研究としては，蔡善禎（1989），喬朴（2006），謝美娥ほか（2006），陳宇（2007），崔景華ほか（2008），席小瑾（2010），曹愛紅ほか（2011），鄭雯（2012）などがあるが，なかでも馬君（2003）と辜珩（2011）は「資源税と地域財政力格差」という観点から検討を試みたものとしては興味深い。さらに，制度設計や今後の改革方向に着目した研究としては計金標（2001），張春林（2006），李国平ほか（2011），韓文琰（2012）などがある。これらのほかにも，資源税と資源産業型企業のクリーナー・プロダクションとの関係性を示した研究として，Huang et al.(2011)が挙げられる。

　しかし，上記の先行研究では議論されていなかった諸課題が未だに多数残されている。なかでも特に重要な課題の一つは，中国の経済発展，特に計画経済から市場経済への移行に伴い，資源税が果たした機能への評価分析である。資源税制度は導入されてからこれまでに三つの段階を経て発展してきたが，上記の先行研究のほとんどが1993年以降の資源税制度を中心に展開している。本章では，資源税の導入からの変遷過程を整理するとともに，中国の経済発展と経済体制の移行に伴い，資源税の機能がいかに変化したかを考察する。そして，1993年以降の資源税制度の展開と成果を検討しながら，2011年の税制改革がなぜ行われなければならなかったのか，について論じることにしよう。

2. 中国資源税制度成立史

(1) 資源税制度の成立

　新中国成立後，計画経済体制下では，政府は国有鉱物資源の探査や開発の統一的な指示および計画，実行を行っていたため，開発された資源はすべて国に上納し，物資管理部門によって加工企業に割り当てられていた。このような資源利用システムのもとでは，鉱物資源の開発に対する資源税

は必要としなかった。

　1978年の改革開放以降，鉱物資源の開発分野において外国の資本や技術を導入するため，1979年に南海（南シナ海），南公海の広大な鉱区を開放し，外国石油会社と海洋石油共同開発を始めた。「中外海洋石油資源の共同採掘条例」の実施を通じて，中国は外国石油会社に対しては，生産した原油でそれまでの投資額，経費を回収すること，取得した原油と自ら買い付けた原油を国外へ運び出すことおよび回収利潤を国外に送金することを認めた。一方，政府は国有鉱物資源が外国企業によって開発利用されることは，外国企業に鉱物資源を借用することに当たり，欧米諸国が行っている鉱業利潤に基づくロイヤリティーの徴収を参考に，対価として海洋石油資源を採掘する中国企業と外国企業を対象に鉱業ロイヤリティー（鉱区使用費）の徴収を開始した。

　さらに，企業間の自由競争メカニズムを築くために1983年に国営企業に対する「利改税」改革[1]を経て，これまでの国営企業の利潤上納制から租税納付制へと改革され，国営企業所得税が本格的に実施された。それを契機に，企業による国有鉱物資源の有償利用を図るため，1984年9月に草案を公布した。それによって，原油や天然ガス，石炭，金属鉱製品およびその他の非金属鉱製品の採掘企業に対して資源税の徴収が始まった。

　1986年3月，鉱物資源法が全国人民代表大会常務委員会で可決され，10月1日から施行された。「鉱物資源は国家が所有する。地表もしくは地下の鉱山資源の国家所有権は，付随する土地所有権あるいは使用権の違いにより変わることはない」と定めたことによって，鉱物資源に対する国家所有権を明確化した（第3条）。同時に，「鉱物資源を採掘する企業は，国の関連規定に基づき資源税と鉱物資源補償費を支払う」と規定し，資源税の徴収を法的に位置づけた（第5条）。

1）「利改税」改革とは，それまでの国営企業の利潤上納制を納税制に切り替え，国営企業は国家に対して，企業所得税と調節税（税引き後利益に対する調節）を納める改革のことである。

(2) 資源税制度の史的変遷：1984年から2010年まで

中国の資源税制度は導入されてから，以下の三つの段階を経て，変化してきた（諸段階の税率は表3-1を参照）。

(A) 第一段階の資源税制度：1984年から1986年まで

1984年の草案を根拠条例とする資源税制度は，中国国内で原油，天然ガス，石炭，金属鉱製品およびその他の非金属鉱製品を開発する企業と個人を納税義務者として資源税を徴収すると定めた。しかし，草案が公布されてまもなく財政部が「資源税の若干問題に関する規定」（関于資源税若干問題的規定）（財税 1984：296号文書）を発表し，金属鉱製品およびその他の非金属鉱製品に対する資源税の徴収が見合わされ，実質第一段階の課税対象は原油，天然ガス，石炭の3項目のみとなっていた。

この段階の資源税制度の大きな特徴は，企業の売上利潤率をベースにした累進課税方式を採用したことである。企業の売上利潤率が12％を超えた時点で課税され，税率は企業の売上利潤率に応じて大きく3段階に分かれる。売上利潤率が12％から20％までの場合，利潤率が1％増えるごとに税率が0.5％ずつ加算される。利潤率が20％から25％までの場合，利潤率が1％増えるごとに税率が0.6％ずつ加算され，25％を超えると0.7％ずつ加算される。

このような累進課税方式を採用した理由については，上記の草案および関連規定からは確認できない。しかし，多くの学者はこれが「資源の級差収入の調整」（調節資源級差収入）のためであると解釈する（韓紹初・楊益民 1985；鮑栄華・楊虎林 1998；関鳳峻・蘇迅 1999；関鳳峻 2001；張文駒 2000；張挙鋼・周吉光 2007）。これは経済理論でいう「リカード・レント」に基づく考え方である。図3-1の縦軸は鉱産物の市場価格と資源企業が商品を生産できる様々な鉱床についての生産費用を示す。生産費用が異なるのは，鉱床の性質が異なるからである。ある鉱床は，高品位であり，採掘が容易で，すでに必要なインフラも整い，輸送しやすい立地条件にある。

表 3-1　資源税関連法制度の変遷に関する一覧表（1984～2011年）

年度	1984					
法規定	資源税条例（草案）			資源税の若干の問題に関する規定		
公布部門	国務院			財政部		
内容	資源税の課税対象，納税義務者，課税標準，税率，減免等を規定した。			資源税の課税対象，納税義務者，税額計算方法を詳細に規定した。		
課税対象	原油，天然ガス，石炭，金属鉱製品，非金属鉱製品			金属鉱製品，非金属鉱製品に対する資源税の徴収を見合わせる。		
税率・税額(注1)	売上利潤率	単位当たり	税率	売上利潤	速算累進率	速算控除率
	12％未満		非課税	12％未満	0％	0％
	12～20％	利潤率1％増	0.5％増	12～20％	50％	6.0％
	20～25％	利潤率1％増	0.6％増	20～25％	60％	8.0％
	25％以上	利潤率1％増	0.7％増	25％以上	70％	10.5％
				資源税の適用税率＝売上利潤率×速算累進率－速算控除率　資源税納付額＝売上×適用税率		

年度	1986		
法規定	鉱物資源法	原油，天然ガス資源税の従量定額徴収，原油製品税税率の調整に関する通達	
公布部門	全人代可決	財政部	
内容	第3条は鉱物資源に対する所有権を明確にし，第5条は資源税の納付を明文化した。	①資源条件のよく利潤率が高い油田は多く徴収し，資源条件が悪く，利潤率が低い油田は少なく徴収する原則を明文化した。②原油と天然ガス資源税を従量定額徴収に切り替え，その徴税範囲や納税義務者，税額などを規定した。	
課税対象	—	原油および天然ガス（石油部直属の油田，ガス田）	
税率・税額	—	油田	税目	税額
		大慶（外囲油田を含む）	原油	24
			天然ガス	12
		勝利・大港油田	原油	8
		河南油田	原油	6
		華北・中原・吉林油田	原油	3
		遼河油田	原油	1
		原油資源税は生産量に基づき従量定額徴収し，天然ガス資源税は販売量に基づく。		

（次ページに続く）

第3章　中国資源税の展開と成果（1984年から2010年まで）

年度		1986		1993	
法規定		石炭資源税の従量定額徴収に関する通達		『資源税暫行条例』および『資源税暫行条例実施細則』（『資源税条例（草案）』を廃止）	
公布部門		財政部		国務院，財政部	
内容		石炭資源税を販売量に基づく従量定額徴収に切り替え，その徴税範囲や納税義務者，税額などを規定した。		①課税対象を拡大させ，販売量に基づく従量課税の方針を確定した。②課税対象別，企業別に税額，鉱山ランクと適用税額を決定した。	
課税対象		原炭		原油，天然ガス，石炭，その他の非金属鉱原鉱，鉄金属鉱原鉱，非鉄金属鉱原鉱，塩	
税率・税額	税額	納税企業		税目	税額の幅
	0.2	河北：峰峰（鉱）[注2]		原油	8〜30
		甘粛：窰街（鉱）		天然ガス	2〜15
	0.3	新疆：哈密（鉱）		石炭	0.3〜5
		内モンゴル：烏達（鉱）		他の非金属鉱原鉱	0.5〜20
	0.45	河北：開灤（鉱）		鉄金属鉱原鉱	2〜30
		江西：豊城（鉱）		非鉄金属鉱原鉱	0.4〜30
	0.5	河北：邢台（鉱）		塩　固体塩	10〜60
		山東：肥城（鉱），兗州（鉱）		液体塩	2〜10
		山西：西山（鉱）			
		江蘇：大屯煤電公司			
	0.8	黒竜江：七台河（鉱）			
	0.9	遼寧：撫順（鉱）			
	1	河南：平頂山（鉱）			
	1.1	河北：邯鄲（鉱）			
		黒竜江：鶴岡（鉱）			
	1.2	山西：霍県（鉱），南庄煤鉱			
	1.35	山東：新汶（鉱）			
	1.4	山西：汾西（鉱）			
	1.8	山東：棗庄（鉱）			
	2	山西：固庄煤鉱，東山煤鉱			
	2.5	山西：晋城（鉱），小峪煤鉱			
	2.9	山西：潞安（鉱）			
	3.5	山西：蔭営煤鉱，西峪煤鉱			
		陝西：崔家溝煤鉱			
	4.7	山西：大同（鉱）			

（次ページに続く）

年度	2005	2011年		
法規定	原油天然ガスの資源税税額基準の調整に関する通達	「国務院が『資源税暫行条例』の修正に関する決定」および『資源税暫行条例実施細則』		
公布部門	財政部，国家税務総局	国務院，財政部，国家税務総局		
内容	一部主要な油田に対する原油，天然ガス資源税の税額を引き上げた。	原油と天然ガスに対して従量定額徴収から従価定率徴収に変更し，一部資源の税額を引き上げた。		
課税対象	原油，天然ガス	原油，天然ガス，石炭，その他の非金属鉱原鉱，鉄金属鉱原鉱，非鉄金属鉱原鉱，塩		

税率・税額	税目	対象	税額	税目		税率
	原油	CNPC 新疆油田，吐哈油田，塔里木油田，塔里木河南勘探，青海油田，大慶油田。Sinopec 西北油田。(注3)	30	原油		販売額の 5 − 10%
		CNPC 華北油田，長慶油田，延長油鉱。	28	天然ガス		販売額の 5 − 10%
				石炭	コークス	8 − 20
		CNPC 冀東油田，大港油田。Sinopec の江漢油田，中原油田，中原油気高新。	24		その他の石炭	0.3 − 5
				その他の非金属鉱物原鉱	普通非金属	0.5 − 20元/トンまたは立方メートル
		CNPC 遼河油田，吉林油田。Sinopec 勝利油田，華東油田，江蘇油田，河南油田。	22		貴金属	0.5 − 20元/キログラムまたはカラット
				鉄金属鉱物原鉱		2 − 30
		CNPC 西南油田，玉門油田。	18	非鉄金属鉱物原鉱	レアアース	0.4 − 60
		その他の石油採掘企業	16		その他	0.4 − 30
		各企業の重質油，高流動点原油	14			
	天然ガス	CNPC 西南油田ガス田	15	塩(注4)	固体塩	10 − 60
		CNPC 大慶油田	14		液体塩	2 − 10
		Sinopec 勝利油田，CNPC 遼河油田。	13			
		CNPC 長慶油田。	12			
		CNPC 華北油田，大港油田，新疆油田，冀東油田，吐哈油田，塔里木油田，吉林油田，Sinopec 中原，中原油気高新，河南油田。	9			
		その他の天然ガス採掘企業	7			

注：1．税額・税率の単位は特別な表示を除き，石炭：元/トン，原油：元/トン，天然ガス：元/千立方メートル，金属鉱物原鉱：元/トン，塩：元/トンとなる。
　　2．(鉱) は鉱務局の略である。
　　3．CNPC は中国石油天然気股份有限公司の略，Sinopec は中国石油化工股份有限公司の略である。
　　4．固体塩は，海塩，湖塩，塩井・岩塩鉱塩を指す。液体塩は，塩井から抽出したにがりを指す。

図 3-1　リカード・レント

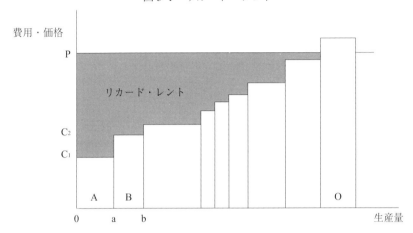

他の鉱床はそうではない。Aとマークされた柱は最も低い費用（最も品位の高い）の鉱床を示している。それは単位あたりC_1の費用で，毎年0aの量を生産できる。柱Bは2番めに低い費用の鉱床で，単位当たりC_2の費用で，年間abの量を生産できることを示している。柱Oは最も経費のかかる鉱床である。市場価格がPの時，質の高い鉱床が低い鉱床より付加的な利益を享受しており，より多くの法人所得が得られることがわかる。この付加的な利益はリカード・レントと呼ばれる。この利益の部分に対して資源税を課すことによって，法人間所得格差を是正し，法人間の競争条件を平等にすることはいわゆる「資源の級差収入の調整」である。

また，1983年の統計資料では，山西省の場合，石炭の品位が高く埋蔵条件が全国で最もよいため，省内石炭生産企業の平均売上利潤率は29.1％に達し，赤字企業は8.5％にとどまっていたのに対して，全国の石炭生産企業の平均売上利潤率はわずか1.7％で，赤字企業の割合は53％にも達していた。そのため，利潤率が高いほど適用税率が高くなる累進課税方式は，法人所得の格差を抑制することに一定の効果があった（韓紹初・楊益民 1985）。

売上利潤率をベースにした資源税は計画経済の特徴の現れでもあると考えられる。計画経済期における中国の税財政制度の特徴の一つは，税収で

あろうと利潤であろうと,はじめから国に属したことである。それでも「税」の形式を取らなければならない理由は,計画経済下の企業経済計算でいわゆる「税擠利,利擠成本(税に利が詰まり,利にコストが詰まる)」という発想からである。つまり,課税することによって国営企業にコスト削減のインセンティブを与えようとすることである。そのため,税率を決める際,あらかじめ国営企業に「適切に利潤を留保させる」という原則を採用し,税率をテコに運用し,企業にある社会的平均利潤率に等しい計画利潤を残そうとする(呉敬璉 2007: 248ページ)。資源税にも売上利潤率を課税ベースにし,企業間の利潤率を調整する機能を持たせていた[2]。

(B) 第二段階の資源税制度:1986年から1993年まで

鉱物資源法の制定を契機に,財政部が1986年6月に「原油,天然ガス資源税の従量定額徴収,原油製品税税率の調整に関する通達」(関于対原油,天然気実行従量定額徴収資源税和調整原油産品税税率的通知)(財税 1986: 201号文書),9月に「石炭資源税の従量定額徴収に関する通達」(関于対煤炭実行従量定額徴収資源税的通知)(財税 1986: 291号文書)を発表し,8の大型国有油田と1のガス田,30の大型国有炭鉱を対象に,原油および天然ガス,石炭資源税について,売上利潤率をベースにした累進徴収から,生産量または販売量に基づく従量定額徴収へと変更した[3]。

従量定額徴収に変更した理由は,主に次の二つが考えられる。一つ目は,財政基盤の強化である。当時,鉱物資源などの生産物の圧倒的部分は国家

---

2) 肖灼基(1979)で社会的平均利潤率の実現手段の一つとして,土地(鉱山)税の徴収をはじめて提案した。しかし,計画経済下における社会的平均利潤率の形成の可能性を疑問視する先行研究も少なくない。そもそもマルクス経済学でいう平均利潤が成立する条件は,各生産部門間の資本移動が可能な利潤の増大をめざす自由競争市場の存在である。つまり,平均利潤率は部門間の利潤率の相違→部門の資本移動→各部門の需給関係の変化→平均利潤率と生産価格の形成,というプロセスを経て形成される。だが,計画経済下においては,超過需要が供給量を上回る水平的不足と,要求総量が中央の物財配分機関の割当総量を超える垂直的不足がしばしば発生する(コルナイ・ヤーノシュ 1984)。したがって,各部門の需給関係の変化はこの二つの不足によって強制的に調整・修正されたものであり,平均利潤率の形成がそれによって影響される。

3) 原油の場合は生産量,石炭および天然ガスの場合は販売量に基づく従量定額徴収を行っていた。

第3章　中国資源税の展開と成果（1984年から2010年まで）

が統一的に配分していた。このような中央政府の配分政策により原炭のような鉱物資源の供給価格が低く規制されているため，資源採掘企業に赤字を抱える企業が多かった（曹剛 1990；田島 1993）。これらの企業への赤字補填はすべて中央財政が賄うため，中央財政の基盤強化が必要となった。一方，資源税は1984年10月1日から徴収され，当年度の税収について統計上では3ヶ月分しか反映されていないため，わずか4.13億元しかなかった。翌年には16.64億元の税収が集まるようになったが，当年度の国家財政収入に占める割合は0.83％に留まっていた。かくして，1986年3月に開催された第6期全人代第4回会議で当時の財政部王丙乾部長が行った予算報告では，「……財政基盤をさらに強化し，……，条件に適している鉱産物に対して資源税の従量徴収を行う」について論じ，一部生産が安定している鉱業企業に対して資源の生産・販売量に応じて資源税を従量徴収し，税収の安定化を図る方針を明らかにした[4]。

二つ目は，企業の利潤率に影響を与える要素は資源の品位や埋蔵条件の優劣だけではなく，企業の生産効率なども影響しうるため，売上利潤率ベースの課税方式では，当局は各納税企業の利潤率の適切性[5]について細かく確認をしなければならない。そのため，手続きが煩雑で行政コストがかかり，課税方法の簡略化が求められていた。

第二段階の資源税制度にもいくつかの特徴がある。第一に，上記の二つの通達では初めて「資源条件がよく，利潤率の高い油田に対しては多く徴収し，資源条件が悪く，利潤率の低い油田に対しては少なく徴収する原則」が明文化された（財税 1986：201号文書，（三）定額標準；財税 1986：291号文書，（三）定額の確定）[6]。これによって第一段階の資源税制度では確認できなかったが，多くの学者が主張していた「資源の級差収入の調整」と

---
4)「1985年度の国家予算実施状況および1986年度の国家予算草案に関する報告」（関于1985年国家預算執行情況和1986年国家預算草案的報告）（全人代常務委員会預算工作委員会預決算審査室 2002：426ページ）
5) 企業利潤率の適切性の確認基準は存在しないため，税務部門の現場担当者の判断に任せる場合が多い。
6) ここでいう「資源条件」とは何かは明らかにされていないが，国家税務局の韓紹初ほか（1985）によれば，「資源条件」は，資源の品位や埋蔵条件の優劣，埋蔵量の多さ，立地条件等を指す。

いう機能ははじめて資源税に付与された。つまり，課税手段を用いて資源の品位や埋蔵条件の優劣などによる法人間の所得格差を是正するものである。これの必要とした理由は，第 2 章で紹介したように，社会主義経済における租税の役割は「国家や企業，個人の間の利益関係を調整し，あらゆる方面の積極性を引き出すこと」として位置づけられているためである。

　第二に，多くの資源採掘企業が赤字を抱えているため，納税義務者はすべての資源採掘企業ではなく，生産が安定している黒字企業である一部の大型国有油田とガス田，大型国有炭鉱に限定された。そのため，この時期の資源税制度による法人間所得格差の調整機能はこれらの大型国有油田やガス田，炭鉱に対しては果たされるが，地方の企業に対してはそのような役割はなかったといえる。なぜならば，1980年から1993年の分税制改革までの財政の請負制のもとでは，国有企業利潤と企業所得税は所属する地方政府予算の固定収入として配分されており，各地は地元企業を保護し，より多くの利潤を留保させようとするので，地方の国営炭鉱や郷鎮経営，個人経営の炭鉱への石炭資源税の適用や税額の決定はすべて地方政府に委ねていたから，低い税額を適用させる傾向があった。例えば，1987年に山東省財政庁が発表した石炭資源税額は，地域別で 1 トン当たり0.1元と0.2元，0.3元の 3 段階で，国が定めた税額（0.5～1.8元/トン）を下回っていた（山東省地方史志編纂委員會編 2008：94ページ）。結果として，図3-2 に示されたように，第 2 段階の資源税収入は安定はしているが，増加傾向は見られなかった。

　加えて，1980年代前半からはエネルギー不足が目立ち，それに対処するためには郷鎮炭鉱などの採掘企業の市場参入を促進する自由化措置が採られた結果，郷鎮や集団経営，個人経営といった非国有鉱山が激増した。その反面，郷鎮経営炭鉱を中心とした非国有炭鉱における資源の乱掘という外部不経済が露呈した（堀井 2000：223ページ）。本来なら資源税は資源の過剰利用の抑制策としても理論的根拠を持つ。つまり，資源採掘企業の私的限界費用に対して一定水準の資源税を課せば，私的限界費用を社会的限界費用と一致させようとするインセンティブが働き，その過程で技術革新

図 3-2　資源税収入と財政収入に占める割合の推移（1985年から2010年まで）

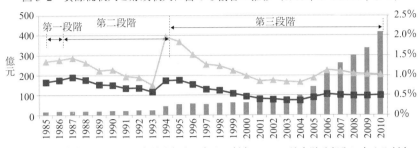

注：財政収入には国内外の債務収入は含まない。
出所：中国財政年鑑編集委員会編『中国財政年鑑』（1993〜2011年）各年版，中国税務年鑑編輯委員会編『中国税務年鑑』（1993〜2011年）各年版より作成。

等による生産効率の向上を図ることになる。その結果，汚染削減の効果と資源の過剰利用の緩和がもたらされる。しかし，この段階の資源税は一部の大手国営企業にのみ課しているため，法人間所得格差を調整し，企業間の競争条件を平等化することが制度の主たる目的であった。

（C）第三段階の資源税制度：1994年から2010年まで

1993年11月に開催された中共中央14期3中全会では，社会主義市場経済の確立という改革目標が確定され，税財政改革と管理の厳格化に関する方針が取り決められた。こうした動向を背景に，一連の税制改革が行われ，その中で増値税改革とセットで資源税に対する改革も行われた[7]。1993年12月，資源税暫行条例（以下，暫行条例）と資源税暫行条例実施細則（財法字1993：第43号文書）（以下，実施細則）に基づき，改革は以下のように行われた。

第一に，塩税と資源税とを統合させ[8]，徴収が見合わされていた金属鉱

---

[7] 増値税は物品の流通または役務の提供により取得する付加価値を課税対象とする税である。しかし，同じ付加価値を実現するには，資源採掘企業が所有する資源条件がよく，採掘技術が優れていれば，他の企業より低い費用で達成できる。企業間の競争条件を均等化させ，増値税の機能を補完するには，資源税の改革も合わせて行わなければならなかった（国家税務総局編 1994：201ページ）。

製品およびその他の非金属鉱製品についても資源税の徴収を開始した。それによって，資源税の課税対象が原油と天然ガス，石炭，その他の非金属鉱原鉱，鉄金属鉱原鉱，非鉄金属鉱原鉱，塩（固体塩，液体塩）の 7 項目に拡大された。

　第二に，原油や天然ガス，石炭のみならず，7 項目の課税対象全般に対して販売量に基づく従量定額徴収へと移行した。実施細則の別紙として添付される「資源税税目税額明細表」および「主要品目の鉱山資源等級表」では，鉱山は鉱物資源の種類や品質，生産地などに基づき等級分けされ，等級別の税額が規定された。それに基づいて，各企業は資源税の納付額を算出するが，税目税額明細表に取り決めのない等級分けされた資源の適用税額は，各地の人民政府が具体的な資源条件に基づき，近隣鉱山の税額を参考に，その税額の30％の変動幅の中で決定する。

　第三に，納税義務者はすべての資源採掘企業（塩の場合はその生産企業）に拡大した。原油や天然ガスについては，それまでは一部大手国有油田やガス田だけが納税義務者であったが，制度改正によってそれ以外の採掘企業も納税義務者として定められ，原油は 1 トンあたり 8 元，天然ガスは 1 千立方メートルあたり 2 元の資源税が課されるようになった。石炭採掘企業に関しても，大型国有鉱山に対して個別に税額を定めただけではなく，地域別にも税額が規定されたため，非国有鉱山からも資源税を徴収するようになった。

　他方，国家税務局（現在の国家税務総局）は1989年頃から分税制改革に向けての準備を始め，地方税体系の構築を通しての地方財政収入の拡大が検討されていた（劉佐 2010：189-191ページ）。資源税制度改革も分税制改革の一環であった。1994年 1 月 1 日から全国規模で分税制改革が行われ，税目は中央税，地方税，共有税の 3 種類に分けられた。資源税は共有税に分類され，海洋石油資源以外の資源税収入はすべて地方政府の収入と配分されるようになった。

---

8 ）塩税はこれまでには中華人民共和国塩税条例（草案）（1984年 9 月18日国務院公布）に基づき，工商税から分離され，独立した税種として徴収されていた。

3. 中国資源税制度の評価：1994年から2010年まで

(1) 資源税制度の特徴と問題点

第三段階の資源税制度を整理すると，以下五つの特徴を持つ。

①すべての自然資源ではなく，特定の鉱物資源に対して課税する。
②主に上流段階で採掘された原鉱の販売に対して課税する。
③資源の販売量に基づき，従量定額徴収する[9]。
④それぞれの資源の法定税額をベースに，鉱物資源の種類や品質，生産地などの客観的な条件の差異に基づき，資源が等級分けされ，ある程度の幅をもたせた個別税額が規定されている。例えば，銅鉱石鉱山の場合，表3-2のとおり，資源税の税率は地域によって異なり，埋蔵量が少なく，採掘条件の厳しい地域には低い税率を適用し，埋蔵量が多く，採掘条件のよい地域には高い税率を適用している。
⑤資源税は共有税であり，海洋石油以外の鉱産物および塩の資源税収入はすべて地方政府の収入と配分され，地方予算に組み入れられる。

上記のほかに，この段階の資源税は社会全体の資源消費量を抑制し，同時に有効利用を図る政策目的を併せ持つ。計画経済から市場経済へと移行しはじめた頃の第一段階と第二段階の資源税制度は，国有企業[10]間の利潤率の調整が主な役割であった。しかし，社会主義市場経済の確立とともに，課税対象や納税義務者の拡大など大幅な制度改正がされたことによって，第三段階の資源税制度には社会全体の資源消費量を抑制し，その有効利用を図ろうとする機能が付与されたことが特徴的である。

一方，この時期の資源税制度には，以下のような問題点も指摘されてい

---

9) それに加え，課税対象となる産品を採掘（生産）して自己消費する場合，消費した量が課税標準とされる。
10) 1992年に社会主義市場経済体制の確立を掲げ，市場化に向けた国有企業改革がはじまった。それ以前，国が直接経営した企業ということで国営企業と呼んでいたが，1992年以降，国有企業と呼ばれるようになった。

表3-2 銅鉱石鉱山の等級分けおよび税率

等級	税率 (元/トン)	適用対象の主要鉱山
一等	1.6	浙江建徳銅鉱，内蒙古霍各気銅鉱，江西富家塢銅鉱等計5ヶ所
二等	1.5	湖北鶏籠山銅鉱，山西四家湾金銅鉱，新疆布竜口銅鉱等計9ヶ所
三等	1.4	広西徳保銅鉱，山東福山銅鉱，内蒙古林西県有色公司等計17ヶ所
四等	1.3	湖南七宝山銅鉱，湖南雷坪有色鉱，浙江諸曁銅鉱等計24ヶ所
五等	1.2	遼寧紅透山銅鉱，雲南東川因民銅鉱，雲南東川濫泥坪銅鉱等計23ヶ所

注：すべては1994年1月1日からの税率である。
出所：資源税暫行条例実施細則別紙「主要品目の鉱山資源等級表」より。

た。

　まず，資源税の税率の問題である。資源税の税率が低いため，鉱産物売上に占める税収の割合も低い。近年，資源価格の大幅な高騰を背景に，資源採掘企業はますます目先の利益を追求するようになり，過剰採掘が起きている。そのなかで，資源税の税率が長期にわたって低い水準に固定されていたため，これらの企業に対する鉱物資源総回収率の向上につながるインセンティブが十分に働かないと考えられる（計金標 2001；張春林 2006；崔景華ほか 2008）。また，資源税の従量定額徴収方式では，販売量が多ければ，課税額もそれだけ高くなるが，販売価格の変動に応じて変わるわけではないため，市場の動向とは連動しない（王萌 2010：132-137ページ；席小瑾 2010；曹愛紅ほか 2011；鄭雯 2012）。逆に，資源価格の上昇につれて企業の実質税負担が低下しつづけるため，資源生産消費量を抑制する機能が弱くなり，資源の採掘，利用とそれに伴う環境負荷の軽減効果も小さい（林家彬ほか 2011：104-105ページ）。

　次に，資源税の課税対象が少ないことである。資源税の課税対象には7項目の鉱物資源しか含まれていない。森林や草原といった自然資源も課税対象として含むべきである（王萌 2010：132-137ページ；席小瑾 2010；曹愛紅ほか 2011；鄭雯 2012）。

　第三に，課税方式の問題である。販売量に応じる従量定額徴収方式では，

採掘加工段階の利用率が低くても，納税額には影響しない。その結果，採掘加工段階で資源浪費が目立ち，生産効率が悪く，総回収率が低い（張秀蓮 2001；張挙鋼・周吉光 2007）。

第四に，税制管理権限の配分問題である。中央政府が直接鉱物資源の等級分けを行い，等級別の法定税額を規定している。資源の直接管理者である各地方政府が納税義務者の資源状況を考慮して，法定税額の範囲内で適用税額を決定するが，実際の資源条件や経済状況に応じて法定税額範囲を超えての適用税額を適時に調整する権限が持てない（喬朴 2006）。

上記の問題点に加え，税源配分の適切性にも問題がある。資源税収入は地方の一般予算に組み入れられ，使途が定められておらず，地方政府が資源の最適利用や資源保護より地域の経済発展を優先的に考える場合，税収の一部を資源開発企業への補助金として還付し，鉱物資源の開発を促し，枯渇を加速させてしまう懸念がある。

また，第三段階の資源税制度は企業の性質によって差別を設けた税制でもある。暫行条例の第1条は，「中国国内で鉱産物や塩を採掘，生産する企業や個人が資源税の納税義務者であり，本条例に従って資源税を納付しなければならない」と定めたが，海洋石油資源を採掘する合作企業に対しては，資源税は徴収せず，鉱区使用費のみ徴収し，特別扱いされていた。これは改革開放当初，海洋石油資源の開発分野における外国資本や技術を誘致し，さらなる経済発展を図るための租税特別措置として大きな役割を果たした（丁全利 2012）。しかし，このやり方では，規範的な租税原則の一つである「課税の普遍性」原則には反する。

(2) 資源税制度の評価

国家税務総局が掲げる第三段階の資源税制度の目的は，①法人間所得格差を調整し，経営者間の平等競争を促進すること，②国有の資源を適切に開発することを促進し，資源の節約と有効利用を図ること，③国家に一定の財政収入をもたらすこと，④分税制の実施に資すること，とされている（国家税務総局編 1994）。

まず，法人間所得格差の調整機能に関しては，鉱物資源の種類や品質，生産地等を等級別に税額幅を規定し，納税義務者間の法人所得格差を調整しようとしているが，鉱物資源の採掘費用が採掘現場の深部化に伴って上昇し，それに伴って法人所得も変化するという要素が考慮されていない。また，法人所得に影響を与える要素は，資源の品位や埋蔵条件の優劣によって異なる採掘費用や生産販売量だけではなく，鉱山の獲得や保有，処分によって発生する損益も関連する。そのため，資源税制度は法人間所得格差を十分に調整できない可能性がある（謝美娥ほか 2007）。

　次に，図3-3に示されたように，1978年以降の資源採掘量[11]は，1997年のアジア金融危機の影響で2000年までに一時的な減少が見られたことを除けば，増加の一途を辿ってきた。つまり，資源税の導入による資源の適切採掘や節約効果は確認できない。その原因は，前節で取り上げた税率の問題と課税方式の問題にあるとされる。つまり，資源の価格上昇を背景に，税額が固定されており，物価の上昇とともに税負担が低下しつづけたことは，資源の採掘量を増加させる傾向を大きくした。それに加え，中国のような発展初期にある途上国政府にとって，資本集約的な重工業を優先的に発展させるための一つの手段は，資本や原材料および賃金などの生産投入財の価格を抑えることによって，既存企業の収益を高く保証し，次期の生産に投資し，資本蓄積を加速させることである（林毅夫 2012：66ページ）。資源税の税率を抑え，大量の鉱物資源を原材料とする重工業の生産投入財の価格を抑えようとする政府の意図があったとも考えられる。さらに，Ueta（1988）が指摘したように，そもそも国営企業中心で計画経済的要素が強く「不足の経済」と言われる状況の下では，価格メカニズムは十分機能しておらず，資源税が資源の採掘量を抑制する誘因として働く条件はなかったといえる。

　1993年の資源税制度改正では税率の引き上げは行われなかったが，徴収対象や納税義務者は拡大されたため，国にとっての財源調達機能が一層強

11）資源採掘量の公式統計データが整備されていないため，ここでは『中国統計年鑑』（各年版）における「エネルギー生産量」のデータから一次エネルギーの生産量を抽出して分析を行う。

図 3-3 資源採掘量の推移（1978年から2010年）

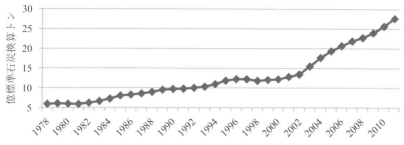

出所：中国統計年鑑編集部編『中国統計年鑑』（2000～2011年各年版）より作成。

化された。図 3-2 が示したように，1993年の制度改正による税収の増加効果は明らかである。1993年に25.6億元だった資源税収入は，1994年には45.5億元に達し，およそ20億元増に至り，それ以降も顕著な伸びを見せている。

このような資源税の徴収を通しての財政基盤強化策は，制度が導入された当初の目的の一つでもあると考えられる。統計によると，1978年に10.1億元の黒字を出した国家財政は，1979年に135.4億元の赤字を計上するに至っている[12]。このような急激な財政赤字の原因は，一つは企業収入の減少であり，もう一つは，主要農産物の買付価格と小売価格との差額を補填するために国家の補助金支出が増大したためである（前田 2006）。こうした状況のなか，財源を捻出するには，資源税のような新たな税目の導入が必要であったと見られる。

1998年の国際原油市場における大幅な価格下落によって内外価格差が拡大し，同年の下半期から，中国政府は原油価格制度の改革に踏み切った。計画経済体制で定めた統制価格制度を破棄して，国際原油市場取引価格を基準に国内市場での実際取引価格を決定する新しい指標価格制度を導入した（郭四志 2004）。それによって，国内原油価格の変動も激しくなり，特に2004年の後半あたりからの原油価格の上昇は，2005年に入ると更に加速し，それに伴って資源開発企業の収益は急増した。しかし，資源税の従

---

12) 中国財政年鑑編集委員会編，『中国財政年鑑』（2000年度版）に基づき計算。

量定額徴収方式では、課税額が販売価格の動きに応じて変わるわけではないため、市場の動向とは連動しない。資源開発企業が得る収益に比例して資源税の税収を増やすことができなくなっているという課題が浮き彫りになった。中央政府は一部地域に対して法定税額の範囲内で原油や石灰石、石炭資源税の税額引き上げなどの措置を通して、問題を緩和しようとした[13]。2005年7月1日、財政部と国家税務総局が「原油天然ガスの資源税税額基準の調整に関する通達」（関于調整原油天然気資源税税額標準的通知）（財税 2005：115号文書）を公布し、全国の各主要油田企業について原油・天然ガスの資源税額を一斉に引き上げ、一部の油田企業に対して暫行条例で定められる最高税額の30元/トンを適用した。したがって、これ以上の税額の引き上げは不可能となった。

最後に、資源税制度は分税制の実施に資する役割を果たした。分税制改革後、課税権限が中央に集中するようになったため、地方財政は収支ギャップを抱えることになった。その中、資源税収入の大部分は地方政府の収入として配分されているため、地方財政収支ギャップの改善に役立った。図3-2からも確認できるように、地方財政収入に占める資源税収入の割合は1993年には0.8％であったが、分税制改革の翌年の1994年には2％まで増加した。それ以降、地方財政収入全体が増えたため、資源税収入が占める割合はおよそ1％前後である。

なお、資源税は政府の財源調達手段の一つとして、地方財政基盤の強化に役立ち、分税制の実施にも寄与しただけではなく、財政基盤が脆弱であり、豊富な鉱物資源を有する一部の地方政府にとっては重要な収入源ともなっている。表3-3は2010年度の地区別地方財政収入および資源税収入を地方財政力指数[14]の順で整理し、グループ分けしたものである。地方財政力指数が全国平均値（0.717）を下回る地区は、財政基盤が比較的脆弱な地

13）財政部および国家税務総局は、2003年には「石灰石や大理石、花崗石資源税適用税額の調整に関する通達」（関于調整石灰石、大理石和花崗石資源税適用税額的通知）（財税、2003：119号文書）を発表し、2005年5月には河南、寧夏、貴州、山東、福建、雲南、重慶、安徽の8地域に対して一連の「石炭資源税税額標準の調整に関する通達」（関于調整煤炭資源税税額標準的通知）（財税、2005：第79-86号文書）を公布した。

第 3 章 中国資源税の展開と成果（1984年から2010年まで）

表 3-3　地区別の地方財政収入および資源税収入（2010年度）

第 1 グループ（財政力指数が平均値0.717を下回る）

	地区名	財政力指数	地方財政収入（a） （億元）	資源税収入（b） （億元）	b/a （％）
1	チベット●	0.195	36.60	0.7	1.8
2	青海●	0.341	110.20	9.6	8.7
3	甘粛●	0.414	353.60	6.2	1.7
4	黒竜江	0.553	755.60	15.3	2
5	吉林	0.563	602.40	4.8	0.8
6	新疆●	0.565	500.60	32.5	6.5
7	貴州●	0.57	533.70	11	2.1
8	広西●	0.591	772	7	0.9
9	雲南●	0.601	871.20	12.9	1.5
10	四川●	0.605	1,561.70	12.8	0.8
11	湖南	0.609	1,081.70	6.1	0.6
12	湖北	0.61	1,011.20	8.4	0.8
13	河南	0.612	1,381.30	26.1	1.9
14	江西	0.621	778.10	12.9	1.7
15	安徽	0.649	1,149.40	12.6	1.1
16	河北	0.655	1,331.90	25.8	1.9
17	内モンゴル●	0.659	1,070.00	36.8	3.4
18	寧夏●	0.661	153.60	1.9	1.3
19	山西	0.664	969.70	32.7	3.4
20	海南	0.701	271	1.2	0.5

第 2 グループ（財政力指数が平均値0.717を上回る）

	地区	財政力指数	地方財政収入（a） （億元）	資源税収入（b） （億元）	b/a （％）
21	重慶●	0.721	952.10	5	0.5
22	遼寧	0.759	2,004.80	46.5	2.3
23	山東	0.774	2,749.40	33.3	1.2
24	福建	0.789	1,151.50	6.5	0.6
25	天津	0.856	1,068.80	0.6	0.1
26	浙江	0.876	2,608.50	6.4	0.2
27	広東	0.888	4,517.00	9.4	0.2
28	江蘇	0.889	4,079.90	10.1	0.2
29	北京	0.91	2,353.90	0.4	0.02
30	上海	0.915	2,873.60	0	0
31	陝西●	2.414	958.20	22.3	2.3

注：●が付いているのは「西部地域」に属する自治区や省，市である。
出所：中国統計年鑑編集部『中国統計年鑑』（2011年版）に基づき計算。

区（以下，財政基盤脆弱地区）とみることができる。全国31地区のうち，20地区が財政基盤脆弱地区である。しかも，その半分（10地区）は西部地域[15]に位置していることがわかる。また，表3-4で確認できるように，全国一次エネルギーの平均生産量を超える9地区のうち，内モンゴルと陝西，貴州，新疆の4地区が西部地域に属し，内モンゴルと貴州，新疆はともに財政基盤脆弱地区に属している。つまり，西部地域は全国においては比較的豊富な鉱物資源を有すると同時に，財政基盤が脆弱な地域でもある。一方，資源税収入の状況をみると，西部地域の12地区のうち，広西，雲南，四川，寧夏，重慶の5地区を除けば，残りの7地区の資源税収入対地方財政収入の割合（b/a）は，平均値の1.7％を上回っている。特に，割合が他地区より圧倒的に高い青海と新疆は，共に財政基盤脆弱地区である。したがって，資源税は財政基盤が脆弱であり，豊富な鉱物資源を有する一部の地方政府にとってはより重要な収入源であるといえる。

　以上をまとめると，中国の資源税制度は，資源の採掘量を抑制する役割を果たすための租税というよりは，むしろ地域間の財政調整の役割を一部担っていた租税であるといえる。それは資源政策としての資源税の役割とやや矛盾するように思われるが，その背景には中国における財政調整制度の未確立という現状がある。中国では資源が全て国有であることから，本来ならそれによる税収も全て中央に属し，国民の医療保険サービスや義務教育，年金保険サービスなど国が保障すべき公共サービスの事務委託を受けて地方が事務分担を行う際には，それに相応する国からの垂直的な財政移転が行われるべきである。しかし，これまでに中国ではこのような国と地方間の財政移転に関する明確な法的根拠を確立してこなかった。そのため，地方政府の負担を緩和するために，暫定的な措置として資源税の大部

14）財政力を示す指標として用いられるものであり，基準財政収入額を基準財政需要額で除した数値である。ここでは，2008年から2010年度の平均値を使用した。
15）『中国統計年鑑』2006年版によれば，西部地域はチベット自治区，青海省，寧夏回族自治区，甘粛省，新疆ウィグル自治区，貴州省，広西チワン族自治区，雲南省，重慶市，陝西省，内モンゴル自治区，四川省の12の省や市，自治区を指す（中国統計年鑑編集部，2006）。本文においては，「自治区」や「省」，「市」を省略している。

第3章 中国資源税の展開と成果（1984年から2010年まで）

表 3-4 地区別の一次エネルギー生産量・消費量と地方財政収入（2010年度）

地区		一次エネルギー生産量（万トン）	一次エネルギー消費量（万トン）	差額（万トン）	地方財政収入（億元）
	全国合計	375,203.90	426,634.40	−51,450.50	40,613.00
	全国平均	12,103.40	13,762.40	—	1310.1
西部地域	内モンゴル	78,664.70	27,190.10	51,474.60	1,070.00
	陝西	39,405.00	13,802.30	25,602.60	958.2
	貴州	15,954.10	10,912.20	5,041.90	533.7
	新疆	12,734.80	10,494.90	2,239.90	500.6
	雲南	9,763.40	9,353.10	410.3	871.2
	四川	9,500.70	12,047.40	−2,546.70	1,561.70
	寧夏	6,810.70	5,956.20	854.6	153.6
	甘粛	4,746.70	6,804.00	−2,057.30	353.6
	重慶	4,576.20	6,453.30	−1,877.10	952.1
	青海	2,257.70	1,422.40	835.3	110.2
	広西	760.3	6,604.50	−5,844.30	772
	チベット	0	0	0	36.6
	小計	185,174.20	111,040.50	74,133.70	7,873.40
	全国シェア	49.30%	26.00%	—	19.40%
東部地域	山東	18,445.20	42,968.30	−24,523.10	2,749.40
	河北	10,811.00	28,890.80	−18,079.90	1,331.90
	天津	3,349.90	6,396.50	−3,046.60	1,068.80
	福建	2,524.90	8,197.10	−5,672.20	1,151.50
	江蘇	2,277.10	26,170.60	−23,893.50	4,079.90
	広東	1,365.60	20,500.50	−19,134.90	4,517.00
	北京	500.1	3,825.70	−3,325.60	2,353.90
	海南	21.8	1,536.10	−1,514.30	271
	浙江	15.1	16,817.10	−16,802.00	2,608.50
	上海	12.9	8,047.00	−8,034.10	2,873.60
	小計	39,323.50	163,349.70	−124,026.20	23005.4
	全国シェア	10.50%	38.30%	—	56.60%
中部地域	山西	74,096.00	29,894.00	44,202.00	969.7
	河南	22,888.70	26,932.20	−4,043.50	1,381.30
	安徽	13,346.40	13,865.80	−519.4	1,149.40
	湖南	7,902.90	11,922.20	−4,019.30	1,081.70
	江西	2,912.20	6,720.00	−3,807.80	778.1
	湖北	1,380.20	14,523.50	−13,143.30	1,011.20
	小計	122,526.40	103,857.70	18,668.70	6,371.40
	全国シェア	32.70%	24.40%	—	15.70%
東北地域	黒竜江	13,741.50	14,355.60	−614.1	755.6
	遼寧	8,483.20	23,486.40	−15,003.20	2,004.80
	吉林	5,955.00	10,544.60	−4,589.70	602.4
	小計	28,179.70	48,386.60	−20,206.90	3,362.80
	全国シェア	7.50%	11.30%	—	8.30%

出所：国家統計局『中国能源統計年鑑』（2011年度版），中国統計年鑑編集部『中国統計年鑑』（2011年度版）より作成。

分を地方政府に留保させているのである。資源税は暫定的な財政調整措置として豊富な鉱物資源を有する一部の地方政府の財政基盤の強化に貢献したのである。

　上記のような暫定的な措置は垂直的財政力格差をある程度是正できるが，資源税の税額が低く抑えられてきたため，資源輸出地域にとって資源輸出量に対応する十分な税収が残らない。資源消費地域との間の格差もそれほど緩和できない。表3-4で確認できるように，2010年，西部12地区の資源生産量が全国シェアの49％占めるのに対し，資源消費量の全国シェアは26％にとどまる。そのうち，四川，甘粛，重慶と広西を除けば，ほとんどの地区は資源の純輸出地区（資源の生産量が消費量を上回る）である。逆に，全国の生産量に占める東部10省のシェアは11％ほどであるのに対し，消費量は全国の38％も占めている。しかも，東部地域におけるすべての地区は資源の純輸入地区（資源の消費量が生産量を上回る）である。経済が西部地域より比較的発達している東北地域や中部地域にも同様な現象が見られる。つまり，西部地域で開発された資源の半数は他地域で消費され，他地域の経済発展に大きく寄与している。

　しかし，地域別の地方財政収入が全国の地方財政収入に対する割合は，西部12地区ではおよそ19％であるのに対して，東部10地区では57％に達する。つまり，資源の輸出が地元への貢献度が比較的小さいことは，東部と西部の地域間の水平的財政力格差が大きい一因でもあると考えられる。地域間の水平的財政力格差も本来なら地方交付税などの財政調整制度によって是正されるべきであるが，上述したように現在の中国ではこのような財政調整制度は確立されておらず，各地域の財源の格差を埋めるような交付税制度に関する明確な法的根拠はない。暫定的な財政調整措置として資源税の大部分はすでに地方政府に留保させているが，従価徴収への切り替えを行うことで税収額を資源の販売価格と連動させることや，税率の引き上げを通して資源の域外への輸出に伴う利益の地方留保分を増やすことなどの税制改革を行わない限り，資源輸出による利益を一層地元の公共サービスの充実などに還元させることは不可能である。

また、上記のような財政構造上の問題で、一部地方政府はより多くの鉱物資源を開発し、より多くの資源税収入を得ようとする傾向があるため、資源の採掘を余計に加速させてしまっている。とりわけ、近年の資源価格の大幅な高騰を背景に、既存企業の生産能力の拡

陝西省楡林市神木県大柳塔の露天掘り石炭鉱の現場。（2011年9月8日撮影）

大が見られた[16]。その結果、鉱物資源の過剰な採掘や加工が各資源生産地で発生するようになり、地域環境に大きな負荷を与える。中国の鉱物資源の分布が集中する中部や西部地域はもともと水土流失や砂漠化・砂地化の深刻な地区で、生態環境が極めて脆弱である。近年の資源開発の加速は現地の生態環境の悪化にも拍車をかける。例えば、石炭の採掘生産で栄えた陝西省楡林市の場合、1990年代中ば以降、石炭採掘による植物被覆の破壊面積が26万畝[17]に達し、およそ30万畝の土地が荒地化した。そのうち、楡林市神木県大柳塔エリアの重度砂漠化地域の面積は2.7倍拡大し、楡陽区と横山県の間の砂漠地帯は南東に向けて約40キロメートル伸びた。また、炭鉱開発が地質に与えた影響や水使用量の拡大によって省内の多くの河川が断流し、湖沼が消え、井戸が枯渇した。神木県だけでは、県内に流れる約10本の河川が断流し、20個以上の井戸が枯渇した。域内の主な河川であり、黄河の支流でもある窟野河は現在1年の約3分の2が断流している。楡林市の湖沼の数は炭鉱開発以前の869個から79個に激減した。陝西省最

16）『中国統計年鑑』（2005〜2013年版）の「採鉱業全社会固定資産投資」および「採掘業工業生産者出荷価格指数」によれば、採鉱業の出荷価格は2005年、2008年、2010年に3回にわたって急騰していた。固定資産投資は2003年以降継続的に拡大してきた。うち、2005年度の対前年度比は50％プラスで、2008年度は31％プラス、2010年度は19％プラスであった。

17）1畝は667平米に相当する。

陝西省最大の内陸湖である紅碱淖（ホンジェンノル）（2011年9月7日撮影）

大の内陸湖である紅碱淖（ホンジェンノル）は2004年から2012年の8年間で水位が約3メートル低下し，水域面積が2007年の39.3平方キロメートルから2012年の32.8平方キロメートルに縮小した（梁麗華・範代娣 2012）。その結果，湖沼の生態システムが破壊され，ここで生息するゴビズキンカモメをはじめとする野生動物の数も減少傾向にある[18]。

資源の過剰開発によって，一部資源豊富な地域では，資源開発で景気付けられると同時に，オランダ病[19]の症状も徐々に顕在化していた。オランダ病に陥った都市の共通点として，他地域への鉱物資源輸出に依存してそれ以外の産業が縮小や低迷して，資源の枯渇に伴う経済悪化と地方財政の赤字化に加え，石油や石炭など天然資源の販売で得た収入が製造業やハイテク産業などの発展に投入されず，需要を大幅に上回る不動産の建設が積極的に進められ，産業の空洞化を招いていることなどがあげられる。それを受けて，国務院は2007年に「資源型都市の持続可能な発展を促すための若干の意見」（関于促進資源型城市可持続発展的若干意見）（国発 2007：38号文書）を発表し，資源枯渇型都市の選定および産業構造転換の方針を明らかにした。その後，2008年，2009年，2011年の3回にわたって資源枯渇都市（地区）のリストを公表し，全国のかつての資源生産拠点として栄え

---

18) ゴビズキンカモメの巣の数は2010年のピーク時に7708個あったが，2013年には4545個に減少した（肖紅ほか 2013）。

19) オランダ病（Dútch diséase）は，天然資源の発見によって資源産業にのみ熱中し，製造業が衰退し失業率が高まる現象を指す。1960年代のオランダで油田が発見され70年代前半にかけての原油価格上昇で輸出や税収が増加したが，福祉など財政支出が拡大した一方，通貨ギルダーの上昇で製造業の競争力が低下し，その後の原油価格の下落で財政赤字が拡大し，景気も長期にわたって低迷したことに由来する。

た69の県や市，地区を資源枯渇都市（地区）に指定した（表3-5）。資源枯渇都市（地区）とは，鉱山または森林資源開発が後期，あるいは末期の段階に入り，その可採埋蔵量の70％以上がすでに採掘された状態の都市（地区）を指す。

4. 新たな資源税制度：2011年11月以降

中国で新たな資源税制度として，2010年6月，新疆ウィグル自治区の原油・天然ガス採掘企業を対象に，資源税の従価定率徴収の試験的な実施を経て，2011年9月21日に暫行条例の改訂案が国務院第173次常務会議で成立し，11月1日から実施に移された。従来の資源税制度の特徴や課題を踏まえ，資源税の課税方式と標準税率を改定し，国内採掘企業と中外合作採掘企業に適用される税目を統一した。主な改正点は，以下のとおりである。

1) 納税義務者

納税義務者は従来の「国有企業，集団企業，私有企業，持ち株企業等の企業および行政組織，事業組織，軍事組織，社会団体などの組織，個人経営者やその他の個人」から「企業および行政組織，事業組織，軍事組織，社会団体などの組織，個人経営者やその他の個人」に変更し，合弁企業や合作企業を含むすべての法人企業が含まれるようになった。海洋および陸上石油を採掘する外資系合作企業に対して徴収する鉱区使用費を撤廃し，資源税の納付を義務付けることによって，国内採掘企業と中外合作採掘企業に適用される税目を統一した。

2) 課税方式

原油と天然ガスに対する課税方式は，従来の従量定額徴収から従価定率徴収に変更した。

3) 税率

原油と天然ガスの税率は，従来8〜30元/トンと2〜15元/千立方メートルであったのが，売上高の5〜10％に改訂された。コークスやレアアースに対する法定税率を大幅に引き上げた。コークスの場合，従来の0.3〜5

表 3-5 資源枯渇都市（地区）一覧

所在地	2008年（12箇所）	2009年（32箇所）	2011年（25箇所）
河北省		下花園区，鷹手営子鉱区	井陘鉱区
山西省		孝義市	霍州市
内モンゴル		阿爾山市	烏海市，石拐区
遼寧省	阜新市，磐錦市	撫順市，北票市，弓長嶺区，楊家杖子，南票区	
吉林省	遼源市，白山市	舒蘭市，九台市，敦化市	二道江区，汪清県
黒竜江省	伊春市，大興安嶺地区	七台河市，五大連池市	鶴岡市，双鴨山市
江蘇省			賈汪区
安徽省		淮北市，銅陵市	
江西省	萍郷市	景徳鎮市	新余市，大余県
山東省		棗庄市	新泰市，淄川区
河南省	焦作市	霊宝市	濮陽市
湖北省	大冶市	黄石市，潜江市，鐘祥市	松滋市
湖南省		資興市，冷水江市，耒陽市	漣源市，常寧市
広東省			韶関市
広西チワン族自治区		合山市	平桂管理区
海南省			昌江県
重慶市		万盛区	南川区
四川省		華鎣市	瀘州市
貴州省		万山区	
雲南省	個旧市	東川区	易門県
陝西省		銅川市	潼関県
甘粛省	白銀市	玉門市	紅古区
寧夏回族自治区	石嘴山市		

出所：国家発展改革委員会・国土資源部・国務院振興東北地区等老工業基地領導小組弁公室「第一回資源枯渇都市リストの印刷交付通知」（関于印発首批資源枯渇城市名単的通知）（発改庁，2008：712号文書），国家発展改革委員会・国土資源部・財政部「第二回資源枯渇都市リストの印刷交付通知」（関于印発第二批資源枯渇城市名単的通知）（発改東北，2009：588号文書），国家発展改革委員会・国土資源部・財政部「第三回資源枯渇都市リストの印刷交付通知」（関于印発第三批資源枯渇城市名単的通知）（発改東北，2011：2420号文書）より作成。

元/トンから 8 〜20元/トンとなり，軽レアアースに対して最高税率の60元/トンを適用した。

新しい資源税制度は以下の特徴を持っている。

一つ目は，国内採掘企業と中外合作採掘企業に適用される税目を統一さ

せることによって，企業所得税法や増値税法などの租税法律の納税義務者範囲により一層接近したことである。

二つ目は，原油や天然ガス資源税を従価定率徴収へ切り替えることによって，資源価格の高騰から資源開発企業が得る収益に比例して税収を増やすことが念頭に置かれるようになった。

三つ目は，新しい税制は政策課税の性格がより鮮明になる。まずは，資源の消費量を抑制するために，採掘費用を高めるべく，一部資源税率を引き上げたからである。次には，改革による地方財政収入の大幅な増加を見込んで，それによって地域の社会保障や公共サービスを充実させ，東部と西部の地域間の水平的財政力格差を是正する狙いが窺える。

小括

本章は中国における資源税の導入からの変遷を整理することによって，中国の経済発展と経済体制の移行に伴って資源税の機能がいかに変化したかを検討した。資本主義経済を分析対象とする課税根拠論では，租税は資源配分手段であり，競争中立である一方で，原則価格に転嫁されるとされているが，中国の場合，鉱物資源といった生産財の価格は計画経済期から政府の統制下に置かれていたため，そもそも価格シナリオは存在していなかった。したがって，中国の資源税は中央と地方政府の財源調達手段である一方，計画経済から市場経済へと移行しはじめたばかりの第一段階と第二段階の資源税制度は，国有企業間の利潤率を調整し，所得格差を是正し，法人間の競争条件を平等にすることを通じて，国家と企業，企業と企業の利害関係を調整することが主要な役割である。資源税を活かして，資源の有効利用を図ろうとする制度設計になっていなかったことは明らかである。その後，社会主義市場経済への移行に伴い，資源税の徴収対象や納税義務者の拡大など大幅な制度改正がなされたことによって，政府は第三段階の資源税制度に，社会全体の資源消費量を抑制し，その有効利用を図ろうとするような政策目的を付与させた。

しかしながら，1993年以降の資源税制度の制度設計および実施状況を分析し，資源税が果たすべき役割について考察した結果，この段階における資源税は法人間所得格差を十分に調整できていないと思われ，税の導入による資源採掘量の抑制効果も統計からは確認できなかった。実態として，資源税は政府の財源調達手段の一つとして，地方財政基盤の強化に役立ち，分税制の実施にも寄与しただけではなく，財政基盤が脆弱であり，豊富な鉱物資源を有する一部の地方政府にとっては重要な収入源ともなっていることが明らかとなった。中国の資源税制度は，資源の採掘量を抑制する役割を果たすための租税というよりは，むしろ地域間の財政調整の役割を一部担わせていた租税であると評価できる。

　従来の資源税制度が抱える問題点を踏まえ，近年資源開発による環境破壊が目立つなか，新しい経済状況と資源価格体系に適応するために，2011年11月に資源税制度に関する全面改正が行われた。それによって，資源の採掘量が抑制され，地方財政収入の大幅な増加による地域の社会保障や公共サービスの充実，東部・西部地域間の水平的財政力格差の縮小といった効果が期待されている。2011年の制度改正による効果の評価，また，そもそも資源税制度に地域間の財政調整の役割を担わせるべきであるか否かという点については，第4章で新疆ウィグル自治区を例に，第5章で石炭資源税に焦点をあて，制度改正の現状を詳しく検討した後，第6章で検討してみたい。

第4章

新疆における2010年資源税改革の到達点と課題

1. はじめに

　中国の資源税制度は1993年の資源税暫行条例の改正以降，一度も改正されなかったため，第3章で議論した多くの課題を抱えていた。そうして，2010年から，中央政府は他地域と比較すると豊富な資源を有するが，財政力が相対的に弱い西部地域を中心に，資源税に対する試験的な改革を展開した（Z. K. Zhang 2013）。2010年6月，財政部と国家税務総局が共同で「新疆の原油・天然ガス資源税改革の若干問題の規定」（新疆原油天然気資源税改革若干問題的規定）（財税 2010：第54号文書）を通達し，資源税改革のパイロット事業として，全国で最も豊富な原油・天然ガス資源を有する新疆ウィグル自治区（以下，新疆または自治区）の石油・天然ガス採掘企業を対象に，資源税の従価定率徴収方式の試験的な実施を始めた。同年12月，「西部地域の原油・天然ガス資源税改革の若干問題の規定に関する通達」（関于西部地区原油天然気資源税改革若干問題的規定的通知）（財税 2010：第112号文書）の公布によって試験的な資源税改革はさらに西部の12地域[1]で開始された。この一連の試験的な改革を経て，2011年9月21日，資源税暫行条例の改訂案が国務院第173次常務会議で可決され，新しい資源税制度として2011年11月1日から実施に移された。新しい資源税制度では，原油お

よび天然ガス資源税について，販売量に基づく従量定額徴収方式から販売額に基づく従価定率徴収方式に切り替えた。同時に，その他の一部資源についても税率を大幅に引き上げた。

　新しい資源税制度が発足してからまだ数年しか経過しておらず，現段階では関連資料やデータが不足しており，全国レベルにおける資源税改革の成果については評価できない。そこで，本章は，新疆における2010年の資源税改革を事例に，現時点で入手できる統計データや資料を用いて，改革による資源採掘の抑制効果と税収効果について検討する。そして，それを通して，新疆資源税改革の到達点と課題を明らかにし，2011年の全国レベルの資源税改革の成果と評価に対して一定の示唆を与えたい。

2. 新疆資源税改革の内容

　中国の最西部に位置する新疆ウィグル自治区は，二つの地級市（ウルムチ市とカラマイ市）と七つの地区（トゥルファン地区とクムル地区，アクス地区，カシュガル地区，ホータン地区，アルタイ地区，タルバガタイ地区，以下は「地区」を省略），五つの自治州（イリ・カザフ自治州とボルタラ・モンゴル自治州，クズルス・キルギス自治州，バインゴリン・モンゴル自治州，昌吉回族自治州，以下は「自治州」を省略）を所轄している（図4-1）。新疆は，石炭や原油，天然ガス，鉄鉱，金鉱，玉石，石綿など豊富な鉱物資源を有し，高い資源ポテンシャルを持つ。とりわけ，原油・天然ガスの予想埋蔵量は約365億トンで，全国の陸上原油・天然ガス予想埋蔵総量の3分の1を占め，西北地域の予想埋蔵総量の約80％を占める。そのうち，原油の予想埋蔵量は227億トンで，天然ガスの予想埋蔵量は13兆8000億立方メートルである（康玉柱 2007）。また，石炭の予想埋蔵量もおよそ2兆1900億ト

1）一般的に「西部地域」とは，第3章で紹介したように，チベット，青海，寧夏，甘粛，新疆，貴州，広西，雲南，重慶，陝西，内モンゴル，四川の12の省や市，自治区を指す。しかし，財税第112号文書における西部地域は，湖北，青海，寧夏，甘粛，新疆，貴州，広西，雲南，重慶，陝西，内モンゴル，四川を指す。

第 4 章　新疆における2010年資源税改革の到達点と課題

図 4-1　新疆ウイグル自治区の行政区画

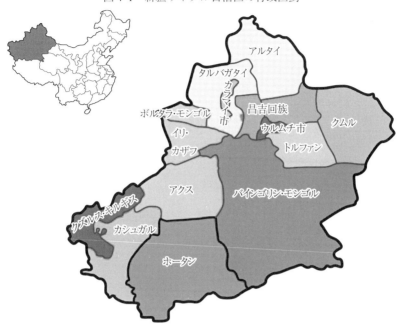

ンで，全国の予想埋蔵総量の40％を占める（胡隽秋 2011）。

　新疆資源税改革は，地域内の石油・天然ガス採掘企業を対象に，2010年6月に行なわれた。改革によって，新疆における原油と天然ガスに対する課税方式は，従来の従量定額方式から従価定率方式に変更された。改革前後における資源税の税率は表 4-1 のとおりである。

　新しい税率に基づき，原油・天然ガス資源税の納税額は，販売額と税率を掛け合わせて計算される。ここでの販売額とは，増値税暫行条例（国務院令 2008：第538号文書）および増値税暫行条例実施細則（財政部，国家税務総局令 2008：第50号文書）に基づき，納税者が納税対象製品を購入側に販売して得たすべての代金とそれ以外の費用（倉庫代や送料等）を指し，受領した売上税額は含まない。また，重質油や高流動点原油，高硫黄天然ガスの生産者および三次採油の納税者に対しては以下の算式で資源税を計

表 4-1　新疆資源税改革の前後の資源税の標準税率

	2010年6月改正前	2010年6月改正後
1．原油	30元/トン	販売額の5％
2．天然ガス	9元/千立方メートル	販売額の5％
3．石炭　コークス	8元/トン	8元/トン
その他の石炭	3元/トン	3元/トン
4．他の非金属鉱原鉱	0.5～20元/トン	0.5～20元/トン
5．鉄金属鉱原鉱	2～30元/トン	2～30元/トン
6．非鉄金属鉱原鉱	0.4～30元/トン	0.4～30元/トン
7．塩　　固体塩	10～60元/トン	10～60元/トン
8．液体塩	2～10元/トン	2～10元/トン

注：原油天然ガス資源税の減免措置および減免徴税幅は以下のとおりとなるが，③と④の条件に同時に合致する場合，そのいずれかを選択しなければならず，二重適用とはならない。
　①納税者が採掘した原油・天然ガスは自社製の原油・天然ガスの連続生産に使われる場合，資源税は免除となる。
　②油田範囲内で重質油を運送する際，加熱に使われる原油と天然ガスは，資源税は免除となる。
　③重質油，高流動点原油および高硫黄天然ガスの資源税は40％減免して徴収する。
　④三次採油[2]の場合，資源税は30％減免して徴収する。
出所：資源税暫行条例，資源税暫行条例実施細則，「原油・天然ガスの資源税税額基準の調整に関する通達」，「新疆の原油・天然ガス資源税改革の若干問題の規定」，「コークス資源税の適用税額基準の調整に関する通達」（関于調整焦煤資源税適用税額標準的通知）（財税2007：第15号文書），「新疆ウィグル自治区における石炭資源税の税額標準の調整に関する通達」（関于調整新疆維吾爾自治区煤炭資源税税額標準的通知）（財税 2009：第26号文書）

算する。

　　総合減免徴税率＝Σ（減税項目販売額×減免徴税幅× 5 ％）÷総販売額
　　適用税率＝ 5 ％－総合減免徴税率
　　納税額＝総販売額×適用税率

　また，総合減免徴税率（総合減徴率，Comprehensive reduction rate）および適用税率（実際徴税率，Effective resource tax rate）は，それぞれ財政部と国家税務総局によって決定され，調整される。2010年 6 月から新疆の各

---

2 ）増進回収法のことである。自噴をしなくなった油田や油層の含水率が上がった油田の残存原油を熱攻法・ガス攻法・ケミカル攻法を使って回収する方法である。

第4章　新疆における2010年資源税改革の到達点と課題

表4-2　新疆における各油田・ガス田の資源税の適用税率（2010年6月）

単位：％

企業名	総合減免徴税率	適用税率
中国石油天然気股份有限公司新疆油田分公司	0.37	4.63
中国石油天然気股份有限公司吐哈油田分公司	0.25	4.75
中国石油天然気股份有限公司塔里木油田分公司	0.04	4.96
中国石油化工股份有限公司西北分公司	1.73	3.27
中国石油化工股份有限公司河南油田分公司新疆勘探開発中心	0	5

注：「西部地域の原油・天然ガス資源税改革の若干問題の規定に関する通達」の公布によって，上記5社の総合減免徴税率はそれぞれ0.37％，0.44％，0.04％，1.8％，0％に改訂された。また，「原油，天然ガス資源税の関連政策の調整に関する通達」（関于調整原油，天然気資源税有関政策的通知）（財税 2014：第73号文書）の公布によって，それぞれ0.44％，0.53％，0.05％，2.16％，0％に改定された。
出所：「新疆の原油・天然ガス資源税改革の若干問題の規定」

　原油・天然ガス採掘企業に適用される原油・天然ガス資源税の税率は表4-2のとおりとなる。

3.　新疆資源税改革の到達点

　新疆の資源税改革は2011年に予定されている全国レベルの資源税改革のパイロット事業として行われたものである。その目的は，原油や天然ガス資源税を従価定率徴収へと切り替えることによって，資源価格の高騰によって資源開発企業が得られる収益に比例して税収を増やし，地方財政収入を増加させ，それによって地域社会保障や公共サービスの充実を図ることである[3]。ここでは，新疆における2000年から2012年までの統計データを用いて，原油と天然ガスの採掘量を抑制する効果と地方財政基盤を強化する効果という二つの角度から，新疆資源税改革の成果を考察したい。

---

[3]「国家税務総局関連責任者が新疆資源税改革の先行についての記者質問に対する回答」（国家税務総局有関負責人就新疆率先進資源税改革有関問題答記者問），2010年6月7日（国家税務総局ホームページ：http://www.chinatax.gov.cn/n810341/n810760/c1151756/content.html，最終閲覧日2014年11月23日）

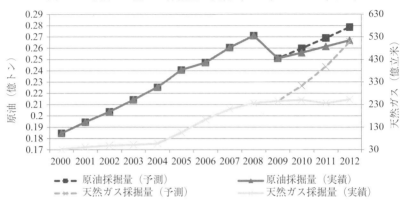

図 4-2　原油・天然ガス採掘量の変化（2000年から2012年まで）

注：2012年のデータは「新疆ウィグル自治区2012年国民経済及び社会発展統計公報」（新疆維吾爾自治区2012年国民経済和社会発展統計公報）による。
出所：新疆維吾爾自治区統計局編『新疆統計年鑑』（2001～2013年各年版）より作成。

（1）資源採掘量の抑制効果

2000年から2012年までの新疆における原油，天然ガスの資源採掘量[4]の推移は図4-2のとおりであり，2010年6月以降における原油，天然ガスの資源採掘量の実績値には大きな変化は見られない。原油採掘量は，2009年から2012年にかけて，2510万トン，2560万トン，2615万トン，2670万トンへと逓増した。天然ガス採掘量は，2009年と2010年はそれぞれ245億立方メートルと250億立方メートルで，ほぼ横ばいであった。2011年には235億立方メートルに僅かに減少したが，2012年には再び250億立方メートル台に回復した。

一方，資源税改革が行われなかった場合，2010年から2012年にわたり，原油と天然ガスの採掘量が，2000年から2009年の平均増加率で増加することを前提に予測を行ったところ，2010年度と2011年度，2012年度の原油採掘量の予測値はそれぞれ2599万トンと2691万トン，2787万トンとな

---

[4] 資源採掘量の公式統計データが整備されていないため，本章では『新疆統計年鑑』（2001～2013年版）における「エネルギー生産量」のデータを用いて分析を行う。

第 4 章　新疆における2010年資源税改革の到達点と課題

表 4-3　原油・天然ガス単位あたりの資源税負担

単位：元/トン（SCE）

	従量定額徴収	従価定率徴収	負担変化額
原油・天然ガス資源税	15	81	67

り，天然ガス採掘量の予測値はそれぞれ313億立方メートルと399億立方メートル，508億立方メートルとなる。つまり，資源税改革が行われなかった場合の予測採掘量が実際の採掘量実績値を大幅に上回ることから，資源税改革は，資源の採掘量を抑制するのに，一定の役割を果たしたと思われる。

資源の採掘量が抑制された原因については，原油・天然ガス資源税が従量徴収から従価徴収に改められたことによって，トンあたり（標準石炭換算値：SCE）の税負担が上昇し，採掘企業に採掘量削減へのインセンティブを与えたと考えられる。2011年の原油採掘量は2615万トンで，天然ガス採掘量は235億立方メートルであった。新疆資源税改革以前の資源税税率に基づけば，9.96億元の原油・天然ガス資源税が従量定額で徴収されることになる[5]。原油と天然ガスの採掘量をそれぞれ標準石炭換算トンに換算すれば，トン（SCE）あたりの原油・天然ガス資源税負担額は約15元となる[6]。

一方，実際に新疆資源税改革後の2011年度に従価定率で徴収された原油・天然ガス資源税総額は55.77億元[7]で，原油・天然ガス採掘量は0.69億トン（SCE）であり，トン（SCE）あたりの税負担は約81元となる。つまり，表 4-3 が示すように，改革前後における原油・天然ガスのトン（SCE）あたりの税負担額の差は約67元であり，税制改革による税負担の増加は明

5）原油は30元/トン，天然ガス 9 元/千立方メートルに基づき試算。
6）標準石炭換算トンへの換算は総合エネルギー計算通則（GB2589-81）（総合能耗計算通則）に定められた係数（原油 1 トン = 1.43標準石炭換算トン，天然ガス 1 千立方メートル = 1.33標準石炭換算トン）に基づく。
7）「我が区の原油・天然ガス資源税収入は三年間で115億元増」（我区油気資源税三年増115億元）（新疆日報，2013年 6 月 4 日，第 1 版）

図 4-3 新疆における資源税収入の変化（2000年から2012年まで）

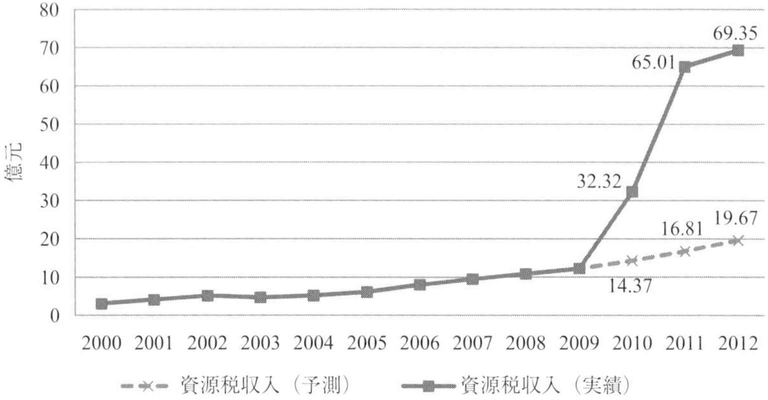

出所：『新疆統計年鑑』（2001～2013年各年版）より作成。

らかである。

（2）地方財政基盤の強化効果

資源税の制度改革による地方財政の強化効果に関しては，資源税の税収変化と地方財政収入の変化という二つの側面から検証する。2000年から2009年までの新疆における資源税収入の平均増加率と地方財政収入の平均増加率は，それぞれ17.44％と19.56％となる。資源税改革が行われなかった場合，2010年から2012年にわたり資源税収入と地方財政収入がそれぞれ平均増加率で推移することを前提に予測を行ったところ，2010年と2011年，2012年の資源税収入の予測値はそれぞれ14.37億元と16.81億元，19.67億元，地方財政収入の予測値は466.54億元と559.85億元，671.82億元になる。

この予測値をベースラインとして，2010年から2012年にかけての実際の資源税収入および地方財政収入と比較することによって，資源税改革の効果を明らかにすることができる。図4-3は，2000年から2012年までの新疆の資源税収入の推移を示しており，ここからは資源税収入が大幅に増えたことが確認できる。2010年の資源税収入実績はベースラインに比べて2

図4-4 新疆における地方財政一般予算収支の変化（2000年から2012年まで）

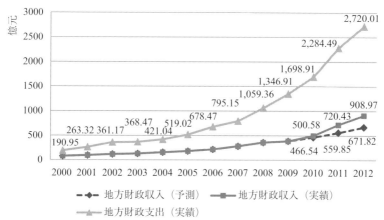

注：基金予算収入および支出は含まない。
出所：『新疆統計年鑑』（2001～2013年各年版）より作成。

倍以上となり，2011年および2012年の収入はベースラインより4倍近く増えた。資源税収入の対前年度増加率も，2010年から2012年にかけて，それぞれ163.84％と101.14％，6.68％になる。2012年度には，資源税収入は69.35億元に達した。

同様に，図4-4は，2000年から2012年までの地方財政収支の推移を示しており，資源税改革後，新疆の地方財政収入が増え，年々拡大しつつある地方財政収支のギャップが縮小したことが確認できる。ここでの地方財政収支は一般予算収支であり，税収返還収入や補助収入などの自主財源から一般公共サービスなどの一般予算支出を差し引いたものであり，一般予算調整収支が含まれておらず，そのギャップはほぼ全額中央からの財政移転，つまり，一般補助金によって補填されることとなる。

また，図4-5に示すように，地方財政一般予算収入に占める資源税収入の割合が2009年を境目に大幅に上昇したことから，資源税改革によって地方の自主財源に占める資源税収入の割合が増えた。それは，地方財政収支ギャップの縮小に直接貢献したと考えられる。特に，今回の資源税改革は原油・天然ガス資源税の改正を中心としたため，改革前の2009年には，わ

図4-5 一般予算収入に占める資源税収入の割合（2000年から2012年まで）

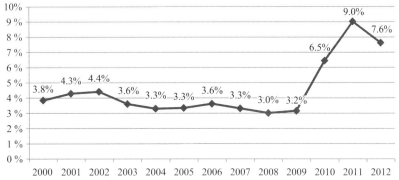

出所：『新疆統計年鑑』（2001～2013年各年版）より作成。

ずか7.66億元だった原油・天然ガス資源税収入は，改革後の2010年の25.37億元から，2011年の55.77億元，2012年の57.49億元へと大幅に増加した[8]。資源税総収入に占める原油・天然ガス資源税収入の割合も2009年の62.53％から2012年の83.33％までに増えた。

　資源税の税収増加による地方財政収支ギャップの改善効果は見られたが，それについて慎重な検討が必要である。新疆の政府間の税源配分ルールにより，資源税収入の75％は自治区の財政収入となり，残りの25％は資源生産地の自治州や地区の財政に配分される。そのため，資源生産地の財政収支に対する改善効果は限られてしまうとの見解もある（張会疆・王宏康 2012）。確かに，資源生産地に対する財政配分の割合は25％であるが，表4-4に示すように，資源税改革後，自治区の地方財政収入の対前年度増加率（G）は，2010年と2011年はそれぞれ29％と44％であるのに対して，自治区に属する各資源生産地である自治州や地区の財政収入の対前年度増加率は平均33％と45％であり，自治区の財政収入増加率を上回る。各自治州や地区の資源税収入に関する統計データは公開されていないため，これらの地域における資源税収入の地方財政への直接な貢献度は不明である。

---

8)「我が区の原油・天然ガス資源税収入は三年間で115億元増」（新疆日報，2013年6月4日，第1版）による。

第4章 新疆における2010年資源税改革の到達点と課題

表4-4 新疆各自治州および地区の地方財政収入（2005年から2011年まで）

単位：億元，%

	自治区		ウルムチ市		カラマイ市		トルファン		クムル		昌吉回族		ボルダラ・モンゴル		バインゴリン・モンゴル	
	R	G	R	G	R	G	R	G	R	G	R	G	R	G	R	G
2005	180.3		51.4		23.3		5.8		3.8		11.7		3.4		12.8	
2006	219.5	22	57.0	11	28.8	24	7.7	34	4.7	25	13.9	19	3.8	13	16.2	26
2007	285.9	30	73.4	29	36.5	27	9.3	21	6.1	30	13.8	−1	4.8	26	19.6	22
2008	361.1	26	101.0	38	39.1	7	11.9	28	8.1	33	19.1	38	5.7	18	25.6	30
2009	388.8	8	113.5	12	33.3	−15	12.2	3	10.5	29	24.1	26	4.9	−15	26.6	4
2010	500.6	29	148.0	30	42.4	28	14.6	19	15.0	44	32.7	36	6.3	30	35.2	32
2011	720.4	44	206.2	39	51.0	20	20.4	39	23.5	56	48.2	47	8.2	30	49.1	40

	クズルス・キルギス		カシュガル		ホータン		イリ・カザフ		タルバガタイ		アルタイ		アクス		平均値	
	R	G	R	G	R	G	R	G	R	G	R	G	R	G	R	G
2005	0.8		5.6		2.3		9.5		7.0		2.9		13.4		11.0	
2006	0.9	21	6.7	19	2.7	16	12.4	30	10.2	46	3.9	36	18.6	39	13.4	26
2007	1.2	31	8.1	22	3.2	17	14.7	19	12.6	24	6.2	59	25.6	38	16.8	26
2008	1.8	50	10.8	33	3.8	20	19.5	32	14.9	19	9.2	48	34.8	36	21.8	31
2009	2.3	23	14.7	37	4.5	18	23.9	23	13.7	−8	11.8	28	29.6	−15	23.3	11
2010	3.3	44	19.6	33	6.3	40	31.2	31	18.3	34	13.5	15	42.7	44	30.7	33
2011	5.5	70	28.8	46	9.3	48	44.7	43	25.8	41	20.0	48	62.1	45	46.3	45

注：Rは年間財政収入を表し，Gは年間増加率を表す。
出所：CEIC Premium Database（China, The State Government Finance）より作成。一部データは新疆各地区の統計年報に基づき修正した。

しかし，豊富な原油・天然ガス資源を有する南疆地区と呼ばれるアクスとバインゴリン・モンゴル，ホータン，カシュガル，クズルス・キルギスの5地域の財政収入の対前年度増加率をみると，制度改革後の2010年はそれぞれ44％，32％，40％，33％，44％で，2011年は45％，40％，48％，46％，70％となり，他地域より比較的高い増加率を見せている。したがって，資

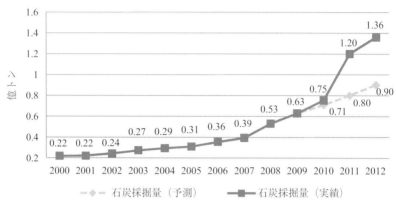

図4-6 石炭採掘量の推移（2000年から2012年）

出所：『新疆統計年鑑』（2001〜2013年各年版）より作成。

源税改革はこれらの地域の財政基盤の強化には直接貢献した。

4. 新疆資源税改革の課題

前節の分析から明らかなように，2010年の新疆資源税改革における原油，天然ガスに対する課税方式の切り替えによって資源採掘量の抑制効果や地方財政基盤の強化効果が確認できた。資源税制度の試験的な改革が行われる前の2009年度には，新疆のエネルギー生産量の約半分は石炭資源が占めており，原油と天然ガス生産量の割合はそれぞれ四分の一ほどであった。

2010年から2012年にわたり石炭の採掘量が2000年から2009年の平均増加率で推移すれば，図4-6に示すとおり，2010年と2011年，2012年の石炭採掘量の予測値はそれぞれ約7100万トンと8000万トン，9000万トンとなる。しかし，実際には，新疆における石炭採掘量は2010年には7500万トン，2011年には1億2000万トン，2012年には1億3600万トンへと激増した。その結果，エネルギー合計採掘量も2009年の1億3100万トンから2012年のおよそ2億トンまで増えた。特に，2011年と2012年の石炭採掘量の実績値は予測値よりも大きく増加したことが図4-6から確認できる。

表 4-5　石炭産業における固定資産投資の推移（2006年から2011年）

	固定資産投資（億元/年）	新増製品別生産能力（万トン/年）	
	石炭採掘・洗浄業	石炭採掘	コークス
2006	37.4	732.1	324.3
2007	48.2	1,154.4	134.0
2008	58.3	1,453.5	503.5
2009	110.8	3,019.1	669.5
2010	145.7	4,874.9	564.0
2011	133.3	2,706.0	190.0

出所：『新疆統計年鑑』（2008～2012年各年版）より作成。

　つまり，今回の資源税制度の試験的改革による原油・天然ガス採掘量の抑制効果はあったが，石炭採掘量が大幅に伸びたことにより，エネルギーの総生産量は押し上げられていた。その原因として考えられるのは，第一に，今回の改革が原油と天然ガスに限定して行われたため，結果的に石炭の採掘を促進してしまい，エネルギー総採掘量の抑制には繋がらなかった。第二に，石炭工業発展第11次5ヵ年計画（煤炭工業発展十一五規劃）（国家発展改革委 2007）および石炭工業発展第12次5ヵ年計画（煤炭工業発展十二五規劃）（国家発展改革委 2012）では，全国の31地区を石炭輸入区域と輸出区域，自給自足区域に分けた。新疆は石炭輸出区域と区分され，石炭の生産規模の拡大が要求された。表4-5に示すように，2006年以降，石炭産業への固定資産投資および新増製品別生産能力が大きく拡大し，結果的に石炭採掘量の増加を促した[9]。

　また，上記のような石炭採掘量の急増は，2010年以降に資源税収入が大幅に増えた一因でもある。表4-6に示すように，資源税収入の実績値と予測値は乖離しており，その乖離の原因について検討し，差額分の内訳を推

---

9) 石炭工業発展第11次5ヵ年計画では，新疆は石炭自給自足区域と区分されていたが，石炭工業発展第12次5ヵ年計画では，石炭輸出区域と区分され，新疆で生産された石炭は甘粛省西部や青海省，四川省，重慶市に輸出されるよう計画された。

表4-6 資源税収入の変化の内訳

	資源税合計収入			原油天然ガス資源税収入			石炭資源税収入（5元/トン）		
	実績	予測	差額	実績	予測	差額	実績	予測	差額
2010	32.32	14.37	17.95	25.37	10.61	14.76	3.55	3.77	0.22
2011	65.01	16.81	48.20	55.77	11.67	44.10	4.00	6.00	2.00
2012	69.35	19.67	49.68	57.49	12.94	44.55	4.51	7.09	2.57

注：原油・天然ガス資源税収入はすべて「我が区の原油・天然ガス資源税収入は三年間で115億元増」（2013年6月4日，第1版）による。
出所：『新疆統計年鑑』（2011～2013年各年版）より作成。

計した。各年における資源税合計収入に関する実績値と予測値の差額部分は，原油・天然ガス資源税収入と石炭資源税収入のそれぞれの実績値と予測値の差額を加算したものにほぼ等しい。石炭資源税は今回の資源税改革の対象とされておらず，従来どおりに従量定額徴収されていたため，石炭資源税収入の実績値と予測値の差額は単純に石炭採掘量の増加に由来する。したがって，2010年以降の資源税収入の大幅増加は，改革によって原油・天然ガス資源税収入が増加しただけではなく，2007年以降の石炭産業に対する固定資産投資および生産能力の拡大に伴う石炭採掘量の増加による寄与もあった。

　さらに，資源税改革は自治区のみではなく，その下の自治州や地区の財政基盤の強化にも資する。しかし，自治州や地区間の資源分布は元来不均等であるため，資源税改革によって原油・天然ガスの埋蔵量が豊富な地域では，資源税収入が急増し，地域間の財政収入格差は以前より広がりを見せている。その結果，資源税改革前の2009年には，一人あたりの財政収入が最も低いアルタイ地区と最も高いクムル地区との差額は1827元であったが，改革後，原油・天然ガス資源を有しないアルタイ地区と豊富な油田資源を持つトルファン地区との間における一人あたりの財政収入の差額は，2010年には2545元，2011年には3578元へと拡大した[10]。つまり，資源税改革によって，自治区内の地域間の財政収入格差は拡大した可能性がある。

自治区に配分される資源税収入の部分を何らかの地域間財政調整制度を通じて再配分しなければ，地域間の公共サービスの供給に格差が生じてしまうことが懸念される。

小括

　新疆における2010年の資源税改革の成果は，次のとおり評価できる。第一に，資源税改革によって，新疆の原油・天然ガス資源税が従量徴収から従価徴収に改められたため，原油と天然ガスの標準石炭換算トンあたりの資源税負担が増加し，採掘企業に採掘量抑制のインセンティブを与えた。第二に，資源税改革によって資源税収入が大幅に増え，新疆の自治区レベルの地方財政収入が増加し，地方財政収支のギャップが改善された。それだけではなく，改革は各自治州や地区の財政基盤の強化にも資することになった。

　しかし，新疆での資源税改革は次のような課題を抱えている。まず，今回の資源税制度の試験的改革によって原油・天然ガス採掘量の抑制効果はあったが，石炭採掘量が大幅に伸びたことより，エネルギーの総生産量が増加した。今回の改革が原油と天然ガスに限定して行われたため，結果的に石炭の採掘を促進してしまい，エネルギー資源の総生産量の抑制には繋がらなかった。それだけではなく，近年，新疆における石炭産業への固定資産投資および生産能力が拡大した結果，石炭採掘量が増加したのである。

　また，資源税改革は新疆ウィグル自治区のみではなく，各自治州や地区の財政基盤の強化にも資するが，自治州や地区間の資源分布は不均等であるため，資源税改革によって自治区内の地域間の財政収入格差が拡大したとも懸念される。

　これらの課題は2011年の新しい資源税制度の実施に対しても一定の示唆を与える。なぜならば，新しい資源税制度は新疆での資源税改革と同様に，

---

10) CEIC Premium Database および新疆各地区の統計年報に基づき計算した。

原油と天然ガスに限定して従量定額徴収から従価定率徴収に切り替え，それ以外の石炭などの鉱物資源については，従来どおりに従量定額徴収を適用している。これは，中国では，原油・天然ガスの採掘生産は大手国有企業が担っているのに対し，石炭といった鉱物資源の生産領域には，多くの郷鎮鉱山企業が参入している。郷鎮鉱山企業は，資源が豊富な後発地域の経済発展，都市化の推進，雇用の創出に大きな役割を果たしてきたため，増税によってこれらの企業の発展を妨げるわけにはいかない。結果，政府はまず当面原油・天然ガス部門に資源税の従価定率徴収を適用させ，その後他の部門に適用を拡大することにしたのである[11]。

しかし，中国の経済成長に伴い，一次エネルギー消費量はすでに世界一となり，石炭消費量は世界総消費量の半分を超え，50.22％に達した[12]。今後中国における一人当たりの生活水準が向上し，民生部門における一次エネルギーの需要拡大により，石炭などの鉱物資源の消費量がさらに増加すると思われる。したがって，資源課税の目的からすると，本来なら再生不能資源の節約を促すには，原油・天然ガスだけではなく，石炭や他の鉱物資源についても従価定率徴収に切り替えることによって，資源単位あたりの税負担を上昇させ，採掘企業に採掘量削減のインセンティブを与えなければならない[13]。

また，2010年の新疆資源税改革によって，自治区内における地域間の財政収入格差は拡大した。資源税改革の全国展開に伴い，今後，地方財政における地域間格差がますます拡がることは懸念される。資源税は政府の財

---

11)「国務院法制弁公室・財政部・国家税務総局責任者が『資源税暫行条例』等の三つの行政法規の改訂についての記者質問に対する回答」(国務院法制弁公室・財政部・国家税務総局負責人就修改『中華人民共和国資源税暫行条例』等三個行政法規有関問題答記者問）(2011年10月10日）(中国財政部ホームページ：http://www.mof.gov.cn/zhengwuxinxi/zhengcejiedu/2011zhengcejiedu/201110/t20111011_598582.html，最終閲覧日2014年11月23日），「財政部・税務総局が『資源税暫行条例』の改訂についての関連問題の回答」(財政部・税務総局解答修改資源税暫行条例相関問題）(2011年10月24日）(中国人民政府ホームページ：http://www.gov.cn/jrzg/2011-10/24/content_1977244.htm，最終閲覧日2014年11月23日）。
12) BP Statistical Review of World Energy ed. (2013) に基づき計算。
13) 石炭資源税については，原油・天然ガス資源税より3年遅れて2014年10月に従量徴収から従価徴収に切り替えた（第5章を参照）。

源調達手段の一つとして，地方財政基盤の強化に役立ち，財政基盤が脆弱であり，豊富な鉱物資源を有する一部の地方政府にとっては重要な収入源ともなっている。同時に，本章で議論したように，新疆一つの地域をとっても，資源税は地域間の財政調整の役割を担う租税となっている。しかし，鉱物資源は偏在する傾向があり，それに課される資源税は地域間の財政格差を広げ，財政的に誘発された人口移動を引き起こし，結果的に資源の非効率的な配分をもたらしてしまう可能性がある[14]。また，天然資源には不安定性と予測不可能性があり，天然資源の価格も国際市場で大きく変動するため，天然資源からの財政収入は変動が大きい。しかし，地方の財政支出には経常的な経費支出が多く，地方税収入もそれに対応して景気に左右されず安定的であることが望ましい。その意味では，地方政府にとっては資源税収入が理想的な財政収入源であるとは言い難い。資源税収入の政府間配分がどうあるべきか，第6章ではこの点について検討する。

---

14) A. Shah（1994）。この点について住民の移動が不可能な場合と可能な場合に分けて吟味する必要があり，特に，住民の移動が可能な場合，地方公共財が最適に供給されかつ最適な人口規模が達成されるというティブー理論が成立するとされているが（C. M. Tiebout, 1956），現実には住民の移動に伴う財政的外部性問題など多くの問題が存在し，実現が困難である（池上 2006）。

第 5 章

2011年資源税改革の到達点と課題
――石炭資源税[1]を中心に

1. はじめに

　1978年の改革開放以降，中国の目ざましい経済成長に伴い，エネルギー，とりわけ，石炭の生産量及び消費量は著しく伸びた（表5-1を参照）。1983年，中国は世界最大の石炭生産国になり，翌年の1984年には世界最大の石炭消費国になった[2]。2013年の中国の石炭生産量は，36.8億トンに達し，世界の47.4％を占めるようになった。一方，同年の石炭消費量は19.3億石油換算トンに達し，世界消費量の50.3％を占める。こうした石炭の生産量と消費量の急増は，経済成長に加えて，石炭の生産消費量がエネルギー全体の70％ほどを占める石炭依存型の経済構造によるものでもある。中国国務院が2007年に公表した『中国のエネルギー状況と政策』[3]によれば，中国が保有する主なエネルギー資源は石炭であり，石炭依存型の国内一次エネルギー構造は今後も長期間にわたって維持される。しかし，石炭の利用に

1） 中国の資源税の課税対象には，原油，天然ガス，石炭，金属鉱資源，その他の非金属鉱資源，塩が含まれますが，本章でいう「石炭資源税」は，石炭に対して課される資源税のことを指す。
2） BP Statistical Review of World Energy ed.（2014）
3） 『中国のエネルギー状況と政策』（中国能源状况与政策）（国務院新聞弁公室，2007年12月）（http://www.scio.gov.cn/zfbps/gqbps/2007/Document/848516/848516.htm，最終閲覧日2014年11月23日）

表 5-1　中国における一次エネルギー生産量および消費量（1978～2012年）

単位：万トン標準石炭

年度	エネルギー生産量						エネルギー消費量					
	石炭	%	原油	%	天然ガス	%	石炭	%	原油	%	天然ガス	%
1978	44,127	70.3	14,876	23.7	1,820	2.9	40,401	70.7	12,972	22.7	1,829	3.2
1980	44,232	69.4	15,169	23.8	1,912	3.0	43,519	72.2	12,477	20.7	1,869	3.1
1985	62,277	72.8	17,879	20.9	1,711	2.0	58,125	75.8	13,113	17.1	1,687	2.2
1990	77,110	74.2	19,745	19.0	2,078	2.0	75,212	76.2	16,385	16.6	2,073	2.1
1995	97,163	75.3	21,420	16.6	2,452	1.9	97,857	74.6	22,956	17.5	2,361	1.8
2000	98,855	73.2	23,228	17.2	3,646	2.7	100,707	69.2	32,308	22.2	3,202	2.2
2005	167,786	77.6	25,946	12.0	6,487	3.0	167,086	70.8	46,727	19.8	6,136	2.6
2010	227,438	76.6	29,098	9.8	12,470	4.2	220,959	68.0	61,738	19.0	14,297	4.4
2011	247,394	77.8	28,937	9.1	13,673	4.3	238,033	68.4	64,728	18.6	17,400	5.0
2012	253,864	76.5	29,534	8.9	14,269	4.3	240,914	66.6	68,006	18.8	18,810	5.2

注：石炭，原油，天然ガスの比率の合計以外は，水力発電および原子力発電，風力発電の生産（消費）量である。
出所：中国統計年鑑編集部編『中国統計年鑑』（1996～2012年各年版）より作成。

伴い，二酸化硫黄やPM2.5などが含まれる多くの大気汚染物質が排出される。2013年から，北京や天津，上海など東沿海地域の一部大都市では高濃度PM2.5が観測されたことをきっかけに，石炭利用規制に対する社会的関心が高まり，石炭の生産量や消費量の抑制を促す資源税制度の改革まで求められているようになった。

　これまでに資源税全体の経済効果に着目した既往研究は多いが，中国の主要な一次エネルギー供給源である石炭に対して課される石炭資源税の課税効果に注目した研究は少ない。D. Wang（2014）は公共政策の視点から石炭資源税改革をめぐる利害関係について議論した。Wangは，石炭資源税改革は中央政府や地方政府，企業，住民をはじめ，実に多くのステークホルダーが関わり，すべてのステークホルダーが得するような石炭資源税は実現できないため，税制という経済的手段だけでは石炭産業のガバナンスがうまく行かないと指摘した。また，謝昕・白璐（2014）は，石炭資源税制度の変遷過程を整理し，現行税制の課題を抽出したうえで，次の三つ

の改革案を提案した。つまり，①増値税改革を通して石炭企業の税負担を転嫁させること，②資源税と採掘回収率とをリンクさせること，③各企業や地域の実情を反映できるより柔軟な石炭資源税を導入して実施すること，である。

　本章では，まず，1994年から2011年までの改革前の中国の石炭資源税について，以下の三つの側面から，その政策の効果と課題について検討する。

　第一に，財源調達効果である。石炭資源税の導入による財政収入への影響について検証する。

　第二に，石炭資源の保全効果である。石炭資源税が石炭採掘量[4]に与える影響について考察する。

　第三に，省エネ効果である。石炭資源税が課されることによって，エネルギー消費原単位，すなわち，単位GDPあたりの一次エネルギー消費量を引き下げる効果を検証する。

　上記の分析結果を踏まえて，2011年の石炭資源税改革の成果と課題について議論を行う。それを通じて，今回の改革では，なぜ石炭資源税を従量徴収から従価徴収に改革できなかったか，その理由を明らかにする。なお，2001年以前の資源税に関する項目別の税収統計は整備されていないため，本章では，2001から2013年の時系列データを使用し，STATA13を用いて分析を行う。

2. 石炭資源税の効果と課題（1994年から2011年まで）

(1) 石炭資源税の財源調達効果

　表5-2は2001年から2011年の資源税合計収入および石炭資源税収入，地方財政収入の関連データをまとめたものである。2001年以降の石炭資源

---

4) 石炭採掘量の公式統計データが整備されていないため，本章では『中国統計年鑑』（1996〜2012年各年版）における「石炭生産量」のデータを用いて分析を行う。

第 5 章　2011年資源税改革の到達点と課題

表 5-2　石炭資源税収入の推移（2001年から2011年まで）

年度	資源税合計収入 (a)（万元）	石炭資源税 (b)（万元）	(b)/(a)	地方財政収入 (d)（億元）	(b)/(d)
2001	671,076	98,685	14.71%	7,803	0.13%
2002	751,357	130,020	17.30%	8,515	0.15%
2003	831,133	154,032	18.53%	9,850	0.16%
2004	988,035	184,822	18.71%	11,893	0.16%
2005	1,422,030	381,211	26.81%	15,101	0.25%
2006	2,070,151	545,597	26.36%	18,304	0.30%
2007	2,610,244	729,983	27.97%	23,573	0.31%
2008	3,016,310	861,406	28.56%	28,650	0.30%
2009	3,382,165	960,570	28.40%	32,603	0.29%
2010	4,175,472	1,093,832	26.20%	40,613	0.27%
2011	5,958,700	1,260,421	21.15%	52,547	0.24%

出所：『中国統計年鑑』（2001～2012年各年版），『中国税務年鑑』（2001～2012年各年版），『中国財政年鑑』（2001～2012年各年版）より作成。

税収入が資源税合計収入の約15～29％（項目別で原油資源税に次ぐ2番目）を占める。前出したように，資源税は実質上地方税であるため，石炭資源税収入も全額地方財政に組み込まれ，地方財政収入の0.1～0.3％を占めている。石炭資源税収入の規模はそれほど大きくないが，地方政府にとっては安定的な財源調達手段であることは明確である。

(2) 石炭資源税の資源保全効果

　理論上，石炭資源税を課すことによって，石炭の価格を高め，採掘企業の純収益を減らすことによって，資源の採掘量を抑制する効果がある。つまり，石炭資源税と石炭生産量とは負の相関をもつとされる。石炭資源税のほかに，国内総生産（GDP）や第二次産業[5]がGDPに占める割合も石炭生産量に影響を与える。石炭の生産量を Y_t，石炭資源税の実効税率を TR_t，国内総生産を GDP_t，第二次産業の割合 SI_t とすれば，石炭生産量を

表 5-3 資源税の実効税率と石炭生産量，GDP 規模（2001年から2011年まで）

年度	石炭生産量 （SCE）	GDP （億元）	第2次産業の割合 （％）	資源税の実効税率 （元/トン）（SCE）
2001	105,029	109,655	45.15	0.94
2002	110,732	120,333	44.79	1.17
2003	130,992	135,823	45.97	1.18
2004	151,616	159,878	46.23	1.22
2005	167,786	184,937	47.37	2.27
2006	180,626	216,314	47.95	3.02
2007	192,136	265,810	47.34	3.80
2008	200,104	314,045	47.45	4.30
2009	212,280	340,903	46.24	4.53
2010	227,438	401,513	46.67	4.81
2011	247,394	473,104	46.59	5.09

出所：中国統計年鑑編集部編『中国統計年鑑』（2001〜2011年各年版）より作成

説明する重回帰式は次のように表される。

$$\ln Y_t = a_1 + \beta_1 TR_t + \beta_2 GDP_t + \beta_3 SI_t + \varepsilon_t$$

ここで，lnは自然対数，ε_tは誤差項，tは年（$t=2001$, $2002\cdots2011$）である。普通最小二乗法を使って，表5-3に示す2001年以降の中国の石炭生産量，国内総生産，第二次産業の割合，資源税の実効税率[6]のデータを用いて推計すると，次式に示される回帰結果になる。ここでは，R^2は決定係数，$\overline{R^2}$は自由度調整済み決定係数，DWはDurbin-Watson比である。方程式の係数の下に示された括弧内の数値はt値を表している。

5）中国の第二次産業は採鉱業や製造業，電力および熱，ガス，水道の供給業，建築業を指し，資源税の直接課税対象である採鉱加工業および主なエネルギー集約型な産業がすべて含まれる（中国国家統計局，「三次産業の区分規定」2002年版，2013年版を参照）(http://www.stats.gov.cn/tjsj/tjbz/201301/t20130114_8675.html，最終閲覧日2014年7月14日）。
6）石炭資源税の実効税率＝年間石炭資源税収総額（元）/年間石炭生産量（SCE）。

第5章　2011年資源税改革の到達点と課題

$$\ln Y_t = -17.86 - 0.09TR_t + 0.78\ln GDP_t + 2.95\ln SI_t$$
$$(-8.15)\ (-3.01)\ \ (7.84)\ \ \ \ \ (5.74)$$
$$R^2 = 0.993,\ \ \overline{R^2} = 0.990,\ \ DW = 2.74$$

推計の結果，石炭資源税の実効税率は国内総生産，第二次産業の割合とともに石炭生産量に影響を与えることが明らかになった（有意水準5％）。そのうち，石炭資源税の実効税率が石炭生産量に負の影響を与え，国内総生産と第二次産業の割合がともに正の影響を与えている。つまり，石炭資源税の実効税率の上昇が石炭の生産量を抑制する効果がある。

(3) 石炭資源税によるエネルギー消費原単位への影響

改革開放以来，中国における一次エネルギーの消費原単位（単位GDP当たりのエネルギー消費量）は，1980年当初の13.26トン（SCE）から2011年の0.74トン（SCE）に大きく低下した[7]。エネルギー消費原単位の抑制要因は，産業構造（GDPの産業構成），とりわけ採鉱業および主なエネルギー集約型産業が含まれる第二次産業の割合の変化が挙げられる。また，前述したように，中国における一次エネルギー消費量全体の70％を石炭が占めていることから，石炭の採掘加工に課される石炭資源税は，資源価格を高め，間接的にエネルギー消費原単位を低下させ，省エネを促進するには一定の効果があると思われる。ここでは，エネルギー消費原単位の低下における石炭資源税の政策効果と第二次産業の構造変化による影響について検証する。

エネルギー消費原単位を説明する重回帰式は，エネルギー消費原単位をEI_t，第二次産業の割合をSI_t，石炭資源税の実効税率をTR_t，v_tを誤差項として，次のように表される。

$$\ln EI_t = a_2 + \beta_4 SI_t + \beta_5 TR_t + v_t$$

7）『中国統計年鑑』（2012年版）に基づき計算。

表5-4 エネルギー消費原単位および石炭消費量（2001年から2011年まで）

年度	エネルギー消費量（万トン）（SCE）	エネルギー消費原単位（トン/万元）	石炭消費量（万トン）（SCE）
2001	150,406	1.37	102,727
2002	159,431	1.32	108,413
2003	183,792	1.35	128,287
2004	213,456	1.34	148,352
2005	235,997	1.28	167,086
2006	258,676	1.20	183,919
2007	280,508	1.06	199,441
2008	291,448	0.93	204,888
2009	306,647	0.90	215,879
2010	324,939	0.81	220,959
2011	348,002	0.74	238,033

出所：『中国統計年鑑』（2001～2011年各年版）より作成

表5-3に示す第二次産業の割合，資源税の実効税率，表5-4に示す2001年以降の中国のエネルギー消費原単位を用いて推計すると，次式に示される回帰結果になる。

$$\ln EI_t = -2.31 + 0.06 SI_t - 0.15 TR_t$$
$$(-2.90) \quad (3.51) \quad (-14.91)$$
$$R^2 = 0.969, \quad \overline{R^2} = 0.962, \quad DW = 1.703$$

推計の結果，第二次産業の割合と石炭資源税の実効税率はともにエネルギー消費原単位に影響を与えることが明らかとなった（有意水準5％）。また，第二次産業の割合がエネルギー消費原単位に正の影響を与えるのに対して，石炭資源税の実効税率が負の影響を与えることが示されている。つまり，石炭資源税の税率が高くなれば，エネルギー消費原単位が低下し，省エネが促進される。

以上の推計から，1994年から2011年までの改革前の石炭資源税制度に

は次のような特徴が見られた。

　一つ目は，石炭資源税の徴収は地方財政収入を増加させ，財源調達の効果を果たしていた。

　二つ目は，石炭資源税の徴収は石炭生産量と負の相関をもち，実効税率の上昇は石炭生産量を抑制する。つまり，石炭資源税の徴収は石炭生産量を抑制し，資源を保全する役割が果たせている。

　三つ目は，石炭資源税の徴収はエネルギー消費原単位には一定の影響を与えることが確認できた。石炭資源税の実効税率はエネルギー消費原単位と負の相関をもち，課税措置は省エネを向上させる役割がある。

　しかしながら，注意すべき点として，表5-3に示すように，石炭資源税の実効税率が上昇し続けているにも関わらず，石炭生産量が年々増えつつある。そのため，石炭資源税は石炭採掘や生産を抑制する誘因として十分に機能しているとはいえない。また，エネルギー消費原単位の低下は，資源税以外の政策による省エネ効果も無視できない。たとえば，中国では，第11次5ヵ年計画のなかで，2006年から2010年までの間に，エネルギー消費原単位を20％引き下げる政策が進められており，第12次5ヵ年計画では，2011年から2015年までの間に，さらに16％引き下げる政策が打ち出されている。他方，中国の石炭を中心とする一次エネルギーの多消費型の産業構造はいまだに維持されているため，エネルギー消費原単位は，先進諸国と比較すれば，依然として高い水準に留まっている課題も無視できない[8]。

3．2011年石炭資源税改革の到達点と課題

　本節では，2011年の資源税改革による石炭資源税の税率の引き上げによって，前節で明らかにした石炭資源税改革前の制度的特徴と課題がどのように変化したかについて検討する。

8）OECD（2013）『Environment at a Glance 2013』，IEA Energy Data Centre（2013）『Energy Balances of Non-OECD Countries（2013 edition）』を参照。

表 5-5　項目別資源税収入の変化（2010年から2012年まで）

単位：億元

	資源税合計収入	石炭	（％）	原油	（％）	天然ガス	（％）	その他	（％）
2010	417.55	109.38	（26.2）	53.10	（12.7）	10.63	（2.6）	244.44	（58.5）
2011	595.87	126.04	（21.2）	137.37	（23.1）	28.74	（4.8）	303.72	（51.0）
2012	904.37	135.73	（15.0）	309.86	（34.3）	42.22	（4.7）	416.56	（46.1）

注：「その他」とは，他の非金属鉱原鉱，鉄金属鉱原鉱，非鉄金属鉱原鉱，固体塩および液体塩からの資源税収入である。
出所：『中国税務年鑑』（2010～2012年各年版）より作成

　まず，改革後の石炭資源税の収入について，表5-5に示すように，2012年が2011年に対しておよそ10億元増え，引き続き財源調達の役割を果たしている。しかし，資源税合計収入に占める石炭資源税の割合が低下し，原油と天然ガス資源税の割合が向上した。それは，今回の資源税改革では，原油と天然ガスについて，従来の従量徴収方式から従価徴収方式に切り替えたため，税収が大幅に増加したからである。

　また，2012年と2013年のエネルギー消費原単位は，それぞれ0.70トン/万元と0.66トン/万元であり，2011年と比べてさらに5％ほど改善された[9]。一方，石炭生産量に関しては，2012年は25億3863万トン，2013年は26億4180万トンで増加し続けている[10]。たとえ石炭資源税改革が行われることなく，2012年以降の石炭生産量が1992年から2010年の平均増加率で推移すれば，2012年度と2013年度の石炭生産量の予測値はそれぞれ26億2087万トンと26億8941万トンになる。つまり，石炭資源税改革が行われなかった場合の予測生産量が実績値を上回ることから，今回の石炭資源税改革は，資源の生産量を抑制するのに一定の役割を果たしたと言える。

　2011年石炭資源税改革を通じて，前述したような効果が見られたとはい

---

9) 2012年のデータは『中国統計年鑑』（2012年版），2013年のデータは「2013年国民経済と社会発展統計公報」（2013年国民経済和社会発展統計公報）（中国国家統計局，2014年2月）（http://www.stats.gov.cn/tjsj/zxfb/201402/t20140224_514970.html，最終閲覧日2014年7月18日）に基づき計算。

10) 同脚注9。

え，改革以降も石炭生産量が継続して増加していることから，改革による生産量の抑制効果がそれほど顕著なものではない。それについては，次の三つの理由が挙げられる。

① 法定税率より低い実効税率

2011年の資源税暫行条例の改訂によって，コークス資源税の法定税率は0.3～5元/トンから8～20元/トンに引き上げられ，その他の石炭資源税の法定税率は0.3～5元/トンになる。それに従って，各省，自治区や直轄市での石炭資源税の適用税率も表5-6に示すように変更された。まず，各地のコークスの適用税率は，法定税率の最低税率に合わせて一律8元に決められていた。また，その他の石炭の適用税率は改革前の0.5～1.6元/トンから2～4元/トンに引き上げられたが，法定税率の最高税率の5元/トンを下回り，平均値は2.8元/トンと更に低い。最後に，原炭トンあたりの実効税率は改革前の2011年の3.6元/トンから2012年の3.8元/トンに上昇したが，法定税率の最高税率を下回る。したがって，法改正によって以前より高い法定税率が導入されたにもかかわらず，各地の適用税率，実効税率ともに法定最高税率より低い水準に留まっている。その結果，石炭の市場価格に占める石炭資源税の割合が小さく，石炭採掘・生産企業の実質税負担が低く，石炭資源税は採掘生産量を抑制する誘因として十分に機能できない[11]。

② 石炭価格と連動しない石炭資源税

ここでは，石炭資源税が石炭市場価格に与える影響について，石炭工業品出荷価格指数 $Price_t$（$t=2001，2002\cdots2012$）と石炭資源税の実効税率 TR_t との相関を通して検証し，その結果は次式となる。

$$\ln Price_t = 4.7067 + 0.0021 TR_t$$

---

[11] 石炭資源税の税率が2～8元/トンであることに対して，2012年の中国環渤海石炭価格が620～810元/トンである（「2012年我国の石炭経済運行状況まとめ」（2012年我国煤炭経済運行状況綜述）（中国鉱業報，2013年3月9日，A6版））。

表 5-6　2011年石炭資源税制改革前後の地域別適用税率一覧

単位：元/トン

	改正前	改正後
コークス	n/a	8.0
その他の石炭		
北京市	0.6	2.5
河北省	0.9	3.0
山西省	1.6	3.2
内モンゴル自治区	0.5	3.2
遼寧省	0.6	2.8
吉林省	0.6	2.5
黒竜江省	0.8	2.3
江蘇省	1.0	2.5
安徽省	1.0	2.0
福建省	0.5	2.5
江西省	0.6	2.5
山東省	1.2	3.6
河南省	1.0	4.0
湖北省	0.5	3.0
湖南省	0.5	2.5
広東省	0.5	3.6
広西チワン族自治区	0.5	3.0
重慶市	n/a	2.5
四川省	0.6	2.5
貴州省	0.6	2.5
雲南省	0.6	3.0
陝西省	0.5	3.2
甘粛省	0.5	3.0
青海省	0.5	2.3
寧夏回族自治区	0.5	2.3
新疆ウィグル自治区	0.5	3.0

出所：『資源税暫行条例実施細則』，呉新文・盧武涛（2014）より作成

　　　　(92.36)　(0.01)

　　$R^2 = 0.0353$

　推計の結果，石炭資源税の実効税率が石炭価格に影響を与える統計的に

有意な結果が得られなかった。その原因としては，まず，石炭価格決定メカニズムそのものに問題がある。中国の石炭価格は中央政府による計画定価時期（1950〜1992年），発電用石炭以外の石炭の部分的な自由化時期（1993〜2002年），発電用石炭への政府関与付き自由化時期（2003〜2008年）を経て，企業が自らの意思決定に基づき，ほぼ自由に取引できるような石炭取引市場が構築された[12]。理論上，現行の資源税制度のもとでは，石炭資源税の徴収によって，企業の生産コストが上昇し，資源価格を高め，採掘企業の純収益を減らすことによって，石炭の採掘量を抑制する働きがある。しかし，石炭消費量の50％以上を占める発電用石炭への政府関与期間が長く続いたため，企業の生産コストが石炭市場価格とはまだ十分に連動しないと考える。

　また，中国の石炭は河南省，山西省，陝西省，新疆ウィグル自治区などの西部内陸地域に多く偏在している。一部の炭鉱鉄道は大手国有企業に独占利用されている[13]ため，郷鎮炭鉱を中心とする中小炭鉱が採掘生産した石炭を遠方に位置する東沿海地域などで販売する場合，高い輸送費用を負担しなければならず，価格競争力が落ちてしまう。その結果，石炭生産地周辺では石炭供給が過剰になり，石炭価格が東沿海地域の販売価格より低い水準に留まってしまう。

　さらに，石炭産地の地域保護主義も価格形成に歪みをもたらしている。山西省や河南省，陝西省，安徽省など一部の省では「煤電互保」政策が打ち出されている。それは，省内の電力会社に対して，省内で生産した石炭を優先的に使用しなければならない，という内容の政策である。たとえば，河南省政府は2013年5月に省内産石炭の仕入量と発電設備容量と連動させ

---

12) 2012年12月20日，「発電用石炭市場化改革の深化に関する国務院弁公庁の指導意見」（国務院弁公庁関于深化電煤市場化改革的指導意見）（国弁発，2012：第57号文書）を発表し，「2013年より，重点契約を取り消し，発電用石炭価格の二重価格制度を取り消す」，「石炭企業と電力企業は，自主的に契約締結を行い，価格決定について商談し，双方による中長期契約の締結を推進する」と定め，発電用石炭価格の自由化改革を開始した。

13) 例えば，中国石炭最大手である神華能源公司が自社用秦皇島までの直通鉄道を作ったが，他の企業には利用させず，独占的な経営を行っていることを2014年3月3日〜4日の中国陝西省での現地調査で確認した。

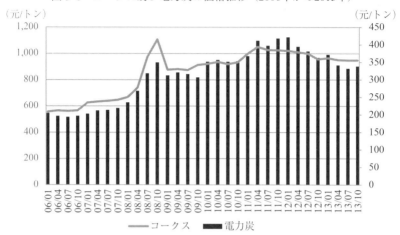

図 5-1　コークス及び電力炭の価格推移（2006年から2013年）

出所：CEIC Premium Database より作成

る制度を導入した。それは，電力会社のベース発電量[14]が省全体のベース発電量に占める割合に応じて最低省内石炭仕入枠を決め，最低仕入枠を超えて仕入れる場合，1万トン毎に1000万kWのベース発電量を追加的に与えるが，最低省内石炭仕入量を下回る場合には不足分に対して1万トン毎に1200万kWのベース発電量を差し引く，という厳しい取り決めであった。このような地域保護主義的な政策は市場メカニズムにさまざまな弊害をもたらしている。

③従量徴収する石炭資源税

①と②に加え，もっとも大きな原因は，石炭資源税が従価徴収ではなく，従量徴収されているため，石炭資源税が十分に価格と連動していないことである。近年の経済成長に伴い，石炭に対する需要が拡大し，コークスは2006年1月の556.5元/トンから2013年10月の948.3元/トンに，電力炭は2006年1月の204.9元/トンから2013年10月の339.1元/トンへと，価格が大幅上

14）ベース発電量とは，各地の電力網調整部門あるいは地方政府の関連部門が毎年の年初に管轄地域内の電力需要量を予測し，各発電事業者の設備容量に応じて計画的に配分する発電量のことである。

昇してきた（図5-1）。一方，トンあたりの資源税負担が低く，消費量を抑制させるインセンティブが弱い。したがって，石炭資源税についても，従量徴収から従価徴収への改革が求められる。

4. 石炭資源税改革の障壁

　2011年の資源税改革では，原油と天然ガスについては30年近く続いてきた従量徴収方式を撤廃して，従価徴収に切り替えた。しかし，一次エネルギー消費量全体の70％を占める石炭に関しては，従来の従量徴収方式を継続させた。今後の制度改善に向け，最後に石炭資源税の改革をめぐってどういった障壁が存在しているのかを概観してみよう。

　まず，表5-7に示すように，中央政府と地方政府，石炭企業，電力会社，消費者といった石炭産業に関わるステークホルダーはそれぞれ異なる立場から，意見が対立しやすく，税制改革が難航している（D. Wang 2014）。

　それに加えて，多くの石炭生産地では，石炭に対して，資源税や鉱物資源補償費以外に多種多様な費用を徴収している。地域によって異なるが，企業所得税や増値税，資源税など21種類の税金以外に，石炭企業は少なくとも88種類以上の基金や課徴金，手数料，雑費等の支払いを負担している。これらの支払は実に石炭企業の純利益の43％も占める。これらの費用のうち，複数の地方行政部門によって重複徴収しているものが多い。たとえば，輸送関連だけで，道路部門が徴収する道路資金調達費や臨時土地占用費，汚染処理費，道路修理費，計量手数料，専門維持修理費，サービス費などがあり，鉄道部門が徴収する専用線路維持修理費，駅車両調達作業費，車両取出配送費，鉄道土地賃料，車両維持修理費，鉄道使用料，建設支援金，ホーム賃料などがあり，水上輸送部門が徴収する搬送費や道路使用料，倉庫利用料，貯蔵費などが挙げられ，全部で35種類にものぼる[15]。これらの重複支払の整理や撤廃が行われないかぎり，石炭資源税だけの改革は企業に税負担の増加だと思われがちで，反抗を招きやすく，実現が困難である。

表 5-7　石炭市場に関わるステークホルダー

ステークホルダー		位置づけ
中央政府	国家発展改革委員会	経済のマクロ調整などを行う中央行政部門。中国の石炭を含むエネルギー政策の制定も行う。国家のエネルギー安全性や環境問題、石炭産業の生産調整といった視点から資源税の改革を支持する。
	国家税務総局	租税関連法規定の制定から具体的な税率の取り決めなど国の租税業務を統括する中央行政部門。税収確保の目的から資源税の改革を支持する。
	国務院国有資産監督管理委員会	国有企業を管理・監督する部門である。国家のエネルギー安全性や石炭産業の生産調整の視点から資源税の改革を支持する。
地方政府	石炭輸出地域	中国の石炭輸出地域は経済後発で財政基盤が脆弱な中西部に集中している。石炭資源税からの税収は地域の財政基盤の強化に寄与してきたため、これらの地域は資源税の改革を支持する。
	石炭消費地域	中国の石炭消費地域は比較的経済力があるが資源に欠乏する東沿海部に集中している。これらの地域は、税率の引き上げに伴うエネルギーコストの上昇から資源税の改革に反対する。
市場の供給者側	石炭企業	資源産業として工業生産チェーンの最上流にある。中国の石炭産業は中央国有企業や地元国有企業、郷鎮企業などいろんな形態の企業によって分断化されている。資源税の改革に反対し、大幅な税負担の軽減や市場効率性の促進を中央政府に求めている。
市場の需要者側	電力会社	石炭の最もメインの消費部門であり、ほとんど国有企業である。発電の主原料としての石炭価格の上昇は、電力会社の経営を圧迫する。一方、電気料金は政府によって規制されているため、勝手に引き上げることはできない。電力会社は中央政府が電気料金の自由化を実現しないかぎり、資源税の改革には賛成しない。
	一般消費者	工業生産チェーンの最も下流にある。長い間、石炭資源税の税率があまりにも低いため、資源の浪費を促してきたことは広く認識されているため、多くの消費者は資源税の改革を支持している。それに、近年環境悪化が目立ち、石炭利用規制に対する社会的関心が高まり、政府部門に資源税改革の圧力にもなっている。

出所：D. Wang（2014）より作成。

小括：2014年10月の石炭資源税改革

　中国の石炭資源税は地方の財政収入を増やす，という財源調達の役割を果たすと同時に，石炭の生産量の削減や消費量の抑制に一定の効果を与えたとはいえ，税率が低く，従量徴収されていたため，効果が非常に限定されている。なお，2011年の資源税改革では，原油や天然ガスに対する従量徴収から従価徴収が実現されたものの，石炭企業や業界からの反発があり，結局石炭資源税に対する改訂はコークスの税率の引き上げだけで，かなり妥協した結果になっていた。その結果，2011年の石炭資源税による省エネ，資源保全の改善効果はそれほど顕著なものではなかったことが明確である。

　石炭の生産または消費に税を課すことによって，社会的費用と私的費用との乖離をなくし，外部性問題や市場の失敗に対処する最適な石炭生産と消費活動につながる，という石炭資源税の本来持つべく機能を発揮させるには，石炭資源税の税率を石炭価格と連動させることがもっとも重要であり，それを実現するには，本章で取り上げた改革の障壁を一つ一つ取り除く必要がある。石炭産業に関わるステークホルダーの利害関係を調節するにあたって，資源税の税率を引き上げ，石炭資源の保全を促進させると同時に，現在石炭企業に課せられる税以外の様々な支払いを整理，撤廃し，企業の負担を軽減させることは，企業の活性化や競争力の向上，健全な発展にもつながる。

　そうしたなか，2014年10月に財政部および国家税務総局は「石炭資源税改革の実施に関する通達」（関于実施煤炭資源税改革的通知）（財税，2014：第72号文書）を公布し，資源の節約・集約利用と環境保護を促進し，経済

---

15)「石炭業界の負担軽減：『費』をなくして『税』を正す「近代的な石炭税費制度の構築」が重要」（煤炭行業減負　重在『清費』『正税』」「建立現代煤炭税費制度」）『経済日報』2013年3月21日，5版），「『費』をなくして『税』を正す，石炭企業の金箍を外す」『清費』与『正税』，摘掉煤企的金箍）（『中国煤炭報』2013年3月13日，第M 6版）。

117

発展方式の転換を推進し，資源税制度を規範化するため，2014年12月1日から石炭資源税の従価徴収をスタートさせ，同時に石炭関連の基金や課徴金などを整理，撤廃する方針を明らかにした（参考資料5-1）。石炭資源税の法定税率は販売額の2～10％と定められているが，実際では，各省の財政部門は現地の関連基金や課徴金の撤廃状況，企業の実質税負担，資源品位などを鑑みて法定税率の範囲内で適用税率を取り決め，財政部および国家税務総局の承認を得て実施することになる。この通達の公布で石炭資源税の従量徴収から従価徴収への変更がようやく実現されることになるが，適用税率の決定や関連基金，課徴金の撤廃に関しては，各地方政府にかなりの裁量を委ねていることから，実際各地で税率をいくらに決定するのか，企業の最終税負担はどれぐらいになるのかはまだ不明瞭である。今回の改革によって，通達に書いてあるように企業により強い誘因を与え，資源の節約，環境保護を促進できる効果が期待されており，その成否は，中国経済の発展，エネルギー構造の転換に大きいな影響を与える。今後も見守っていきたい。

参考資料 5-1　2014年石炭資源税改革の実施および原油，天然ガス資源税の税率調整

法規定	石炭資源税改革の実施に関する通達	原油，天然ガス資源税の関連政策の調整に関する通達
公布部門	財政部・国家税務総局	財政部・国家税務総局
内容	石炭資源税を販売額に基づく従価定率徴収に切り替え，その税率や計算方式などを規定した。	原油，天然ガスの鉱物資源補償費の徴収率を0に引き下げると引き換えに，原油，天然ガス資源税の税率を5％から6％に引き上げることを規定した。
課税対象	原炭，水洗・選鉱石炭	原油，天然ガス

税率・税額	税目	税率	税額	税率
	原炭	2～10％	原油	販売額の6％
	水洗・選鉱石炭	2～10％	天然ガス	販売額の6％

| 税率・税額 | 原炭納税額＝原炭販売額×適用税率
※原炭販売額には坑口から駅や港までの輸送費を含めない。

水洗・選鉱石炭納税額＝水洗・選鉱石炭販売額×換算率×税率
※換算率は各省や自治区，直轄市の財政部門によって取り決める。
※水洗・選鉱石炭販売額には副産物の販売額を含めるが，水洗・選鉱工場から駅や港までの輸送費を含めない。

適用税率：
各省の財政部門は現地の関連基金や課徴金の撤廃状況，企業の税負担，資源品位などを鑑みて法定税率の範囲内で適用税率を取り決め，省級人民政府に報告し，財政部および国家税務総局の承認を得て実施する。

優遇税率：
①計画可採埋蔵量の80％以上の石炭がすでに採掘された炭鉱，または計画採掘稼働サービス年数が残り5年以下の炭鉱から採掘された石炭に対して，30％減免して徴収する。
②充填式採鉱法を使って採掘された石炭に対して，50％減免して徴収する。 | 税制優遇政策：
①油田範囲内で重質油を運送する際，加熱に使われる原油と天然ガスは，資源税は免除となる。
②重質油，高流動点原油および高硫黄天然ガスの資源税は40％減免して徴収する。
③三次採油の場合，資源税は30％減免して徴収する。
④低豊富度の油田やガス田，つまり，1平方キロメートルあたり可採埋蔵量が25万立方メートル以下の陸上油田，1平方キロメートルあたり可採埋蔵量が2.5億立方メートル以下の陸上ガス田，1平方キロメートルあたり可採埋蔵量が60万立方メートル以下の洋上油田，1平方キロメートルあたり可採埋蔵量が6億立方メートル以下の洋上ガス田に対して，20％減免して徴収する。
⑤深水油田，ガス田に対して40％減免して徴収する。

※重質油や高流動点原油，高硫黄天然ガス，低豊富度の油田やガス田，三次採油の納税者に対しては以下の算式で資源税を計算する。
総合減免徴税率＝Σ（減免項目販売額×減免徴税幅×5％）÷総販売額
適用税率＝6％−総合減免徴税率
資源税納税額＝総販売額×適用税率 |

第6章

中国の政府間財政関係と資源税

1. はじめに

　1994年，中国は分税制改革を行った。改革の結果，国の財源における中央の構成比が上がり，財源の中央集中傾向が見られるが，地方政府の支出割合が大きくなったため，地方財政は収支ギャップを抱えるようになっている。そうしたなか，1995年以降，過渡期移転交付[1]の導入に伴い，中央から地方への移転交付制度は整備されつつあるが，明確な法的根拠は未確立である。政府間財政調整は，主に中央政府から地方政府に対する税収の返還や一般的財政移転交付，専項移転交付と呼ばれる使途特定補助金の形式によって行われる。そのうち，一般的財政移転交付は，基準財政支出額と基準財政収入額の差額を交付基準として配分される一般補助金である。しかし，基準額は中央政府が調整財源の規模を考慮して裁量的に決定しており，ルール化されているわけではない（町田 2006：184ページ）。そうした背景のもと，前章で議論したように，中国の資源税は，政府の財源調達手段の一つとして，分税制以降の地方財政基盤の強化に役立っただけではなく，財政基盤が脆弱であり，豊富な鉱物資源を有する一部の地方政府

1）2002年から「一般的財政移転交付」に改称された。

にとっては重要な収入源ともなっている。中国の資源税制度は，資源の採掘量を抑制する役割を果たすための租税というよりは，むしろ地域間の財政調整の役割を一部担わせていた租税であると評価できる。

しかし，そもそも資源税制度に上記のような地域間の財政調整の役割を担わせるべきであるか否かという点については議論する余地がある。本章では，規範的な財政連邦主義の理論に基づき，鉱物資源管理をめぐる政府間財政関係を視座に，これまでに議論されなかった中国の政府間財政関係と資源税について考察を行い，資源税の課税権限と税源配分のあり方について検討する。また，1994年の分税制改革によって，中央と省の間の分税は中央政府の法規定によって定められたが，省とその下の行政レベルとの分税，いわゆる地方分税制については，法規定が存在しないため，各地での実施方法はすべて異なる。そのため，中央税を除く中国の特定の共有税や地方税の徴収や配分に関する全体像を把握することは困難である。本章では，各種参考資料や統計に基づき，全国の省レベル以下で行われる資源税収入の分与方式をまとめ，その特徴を明らかにする。

2. 鉱物資源課税をめぐる政府間財政関係の理論

中国の分税制は，地域に複数のレベルの政府が存在する場合における中央政府と地方政府間の合理的な分権的な税制システムの構築を目標としており，先進国の間で呼ばれている財政連邦主義と同じ財政システムを意味する（張宏翔 2007）。財政連邦主義は，中央・地方政府間の権限，財源の配分，地域間の自由な人口移動をめぐる問題，政府間資源移転のあり方などについて，北米の連邦制国家を中心に公共財や公共選択の理論に基づいて展開される財政理論であるが，中国や日本のような単一制国家における多層の政府間問題についても，議論の出発点としては極めて有用とされる（諸富・門野 2007：92ページ）。マスグレイブやオーツに代表される財政連邦主義の理論では，政府間の財政関係について，課税をめぐる中央政府と地方政府の権限配分とそれに必要とする税源配分の二つの側面から考慮さ

れる。ここでは，財政連邦主義に基づき，鉱物資源課税をめぐる政府間財政関係について議論する。

　まず，政府間の機能配分の原則については主にマスグレイブが提唱した財政の3機能を中心として考慮することとなる。すなわち，配分機能（効率の原則），所得再分配機能（公平の原則）および経済安定化機能（経済安定化の原則）である（Musgrave 1959）。オーツもこの分類に基づいて議論を展開している。マスグレイブ＝オーツの政府間機能配分論は，この3機能を中央政府と地方政府のどちらに配分すべきかを論ずるものである。彼らは，政府間機能配分の原理を，①対応性の原理，②集権的再分配の原理，③財政力均等化の原理，④連邦価値財の原理，に定式化している。この四つの原理に沿って考察すれば，原則的に経済安定化機能，所得再分配機能は中央政府，配分機能は地方政府の役割分担であった。それに基づけば，鉱物資源は一国の経済活動を行ううえでは不可欠であり，経済安定化に関わる。そのため，管理権限は中央政府によって担われることが望ましいと考えられる。

　マスグレイブ＝オーツの政府間機能配分論について，諸富・門野（2007）は，政府は持続可能な発展を図るために，環境政策や都市計画，土地利用，交通政策等に関してより強化された規制機能を持つようになってきており，それが政府の財政活動にも影響を与えるようになってきている。したがって，マスグレイブ＝オーツが指摘した上記三つの政府機能に加え，政府に与えられた第四の機能として「規制機能」を位置づけることができる，と指摘する。それと関連して，鉱物資源の開発は一国の経済開発に必要なエネルギー資源を供給することができるが，それと同時に資源開発によって資源の採掘と生産過程における水汚染の問題や騒音被害，土地利用問題などの外部性問題がもたらされる。また，資源の過剰な採掘は資源の枯渇を加速させ，世代間の不公平問題を引き起こす。それを規制するには，資源の所有者である政府は，租税や料金がもつ価格インセンティブを用いて，資源の採掘を最適化させようとする。財政支出の面においても，資源生産地の政府は，資源の採掘や生産，輸送に関連する社会資本を整備し，維持

表6-1　A・シャーの政府間機能配分の一般原則

公共サービスの種類	公共サービスの基準制定および監督の主体	公共サービスの提供および管理の主体
国防，外交，国際貿易，貨幣政策，外国為替，銀行業，州際貿易，対個人(民間)移転支出，対商工企業への補助金，移民，失業保険，航空および鉄道	中央	中央
財政政策	中央，省	中央，省，地方
規則および制度	中央	中央，省，地方
天然資源	中央	中央，省，地方
環境	中央，省，地方	中央，省，地方
工業および農業	中央，省，地方	省，地方
教育	中央，省，地方	省，地方
健康	中央，省，地方	省，地方
社会福祉	中央，省，地方	省，地方
警察	省，地方	省，地方
上下水道およびごみ処理	地方	地方
防火	地方	地方
公園およびレクリエーション	中央，省，地方	中央，省，地方
広域圏道路	中央	省，地方
省道	省	省，地方
地方道路	地方	地方

出所：A. Shah（1994）より作成。

管理をしなければならない。したがって，鉱物資源の開発管理をめぐる政府間機能配分は経済安定化機能に加え，それぞれの政府レベルが担う規制機能に関連して考える必要性もある。例えば，資源の所有権が国にある場合，資源採掘に関わる規制や基準の制定，課税は中央政府が担うことによって，採掘の最適化が図れる。また，資源採掘や生産，輸送に関わる社会資本の整備，維持管理は地方政府が中央政府と比べてより円滑に行うことができると考えられる。

　世界銀行のA. Shah（1994）によれば，世界的には最適な政府間機能配分の統一的な基準こそ存在していないが，各国の経済状況，人口，行政配置，文化的背景など制約条件は異なるものの，各国の政府間機能の配分に

は一定の共通性がある,と指摘する。すなわち,表6-1に示されたように全国的な行政事務,教育,健康,社会福祉など公平に関する項目については中央政府が責任を負っている,もしくは,介入を果たしているということであり,また,地方における行政事務に関しては,地方が責任を負っている。その中で,鉱物資源を含む天然資源に関しては,A・シャーは中央が政策基準の制定および監督を実施し,中央と省,地方はそれぞれのレベルにおける管理を行うのが一般的であるとまとめる。これは上記の政府レベルが担うべき規制機能に関連して考慮される政府間の機能配分論に一致する。

　上記の機能配分に必要とする政府間の税源配分に関しては,オーツは政府間における税源配分の原則として,次の三つを挙げている。①地方団体は移動可能な家計や生産要素に対して提供された公共サービスの対価に応じて応益税を課税するべきである,②再分配を目的とした非応益税は,中央政府が課税するべきである,③地方団体の非応益税は,移動性の低い税源に課税されなければならない。オーツは,応益税の代表として人頭税を上げおり,人頭税以外の地方税を非応益税として捉えた(Oates 1972: pp. 131-140; Oates 1996; Oates et.al. 2004)。オーツの原則に基づけば,移動性の観点からみた場合,鉱物資源に対しては地方団体が課税すべきである。

　また,マスグレイブは政府間税源配分原則として,①応益課税は全政府レベルで実施可能,②累進構造の税は国税へ,③経済安定化機能を持つ税は国税へ,④包括的課税ベースは国税へ,⑤税源の移動性が低い税は地方税へ,⑥税源の偏在する税は国税へ,の六つにまとめている(Musgrave 1983)。以上の税源配分原則を踏まえて,マスグレイブが提案した税源配分案をまとめたのが,表6-2である。それに基づけば,鉱物資源は一国の経済活動を行ううえでは不可欠であり,経済安定化に関わる。同時に,鉱物資源は流動性が低く,偏在する傾向もあるため,それに課される「天然資源税」は,中央政府と中位政府が共有することが望ましいと考えられる。

　さらに,A. Shah (1994) は,二つの基準に基づいて,税源配分のフレームワークを構築すべきと主張する。つまり,①課税ベースについて最も豊

表6-2　マスグレイブによる税源配分案

中央政府	中位政府	下位政府
包括的所得税（所得税＋法人税），あるいは支出税 天然資源税 受益者負担	住民税 法人事業税 小売売上税 天然資源税 受益者負担	固定資産税 賃金税 受益者負担

出所：Musgrave（1983）。

富な情報を有する行政レベルが徴税しなければならない（税務行政の効率化基準），②財政収入額を財政の需要額に極力近づけさせなければならない（財政需要基準）である。この二つの基準に従い，A・シャーが提案した税源配分案は表6-3のとおりである。表6-3では，鉱物資源に関連する税として，①利潤や収益に対して課される資源レント税と，②資源ロイヤリティーや採掘税といったその他の資源税の二種類を取り上げた。①については，天然資源は土地と同様に流動性が低く，地方政府は少ない行政コストで租税収入が得られるという利点から，課税されやすい。しかし，天然資源は偏在する傾向があり，地方政府による課税は，地域間の財政格差を広げ，結果的に資源の非効率的な配分をもたらしてしまう。また，天然資源には不安定性と予測不可能性があるため，天然資源からの収入は地方政府にとっては理想的な財政収入源であるとは言い難い。したがって，天然資源を国有化したうえで，国が企業による資源採掘行為に対して，資源レント税を課し，天然資源からの関連収入を政府間の財政移転を通して分配することが望ましい。

　②については，資源生産地の地方政府は，資源の採掘や生産，輸送に関連する社会資本の整備や維持管理に対して莫大な財政支出が必要とされる。また，資源生産地は資源産業から恩恵を受けると同時に，資源の採掘と生産過程における水汚染の問題や騒音被害，土地利用問題などの外部性問題を被るケースが多い。したがって，資源の採掘に対して，州政府や地元政府は従量もしくは従価的に企業に対して資源税を課し，それによって

表6-3 A・シャーによる税源配分案

税目	決定権限の配分			性質,機能,目的
	課税ベース	税率	徴収・管理	
関税	F	F	F	国際貿易税
法人税	F	F	F	高い流動性,経済安定化
資源レント(利潤,収入)税	F	F	F	課税ベースの偏在性が著しい
資源関連のロイヤリティー,使用費,採掘税,産品税,財産税	S, L	S, L	S, L	資源生産地に対する収益税や費用の支払い
環境保護費／税	S, L	S, L	S, L	現地の環境保護目的
個人所得税	F	F, S, L	F	所得再分配機能,高い流動性,経済安定化
資産税	F	F, S	F	所得再分配機能
源泉税	F, S	F, S	F, S	受益負担
消費税,増値税	F	F	F	経済安定化
タバコ税・酒税	F, S	F, S	F, S	健康維持のための共同責任
炭素税	F	F	F	広域影響
汚染排出税(BTU税,排出課徴金,渋滞税)	F, S, L	F, S, L	F, S, L	越境・地域インフラ整備,汚染対策
固定資産税,土地税	S	L	L	流動性が低い
利用者支払い	F, S, L	F, S, L	F, S, L	受益者負担

注:Fは連邦政府,Sは州または地域政府,Lは州またはローカル政府や地方自治体を指す。
出所:A. Shah (1994) より作成。

調達された税収は,道路維持保守や汚染対策,鉱山環境回復など地方政府の財源に充てられるべきと考えられる。

以上の規範的な財政理論に対する考察より,次のような結論を導くことができる。つまり,課税をめぐる中央政府と地方政府の機能配分については,鉱物資源を国家が所有する場合,その管理権限は中央政府にある。中

央政府は資源のストック量を総合的に計画し，資源採掘に関わる規制や基準を制定し，鉱物資源に関連する税金を徴収することによって，採掘の最適化が図れる。地方政府は資源管理の実行者として，日常的なマネジメントや資源採掘，生産，輸送に関わる社会資本の整備，維持管理などを行うことが望ましいとされる[2]。

　また，政府間の税源配分に関しては，中央が鉱物資源の採掘企業に国税として課税する場合，その税収は財政調整制度を通じて政府間で再配分され，それぞれの政府レベルが提供する公的サービスの財源として共有される。一方，資源の採掘と生産による外部性問題に対処することを目的に課税する場合，企業の資源採掘に対する資源税の課税権限と税収を地方政府に配分するべきである。

3. 中国の政府間財政関係と資源税の税源配分

(1) 分税制以降の政府間財政関係

　政府間財政関係には，立法権と徴税権，税源配分の三つの側面が含まれる。中国における租税の立法権は，「分税制財政管理体制の実施に関する決定」に基づき，中央税，共有税および地方税の立法権限はすべて中央に集中しなければならない，となっている。中国における租税の根拠法令（対外貿易関係の税法規を除く）をみると，国家の立法機関である全人代ないし全人代常委の制定した法律には，税収徴収管理法と個人所得税法がある。その他の税法，例えば企業所得税，営業税，消費税，印紙税，資源税等の暫行条例は，国務院の行政法規の形で制定されている[3]。国家の立法機関によって制定される税法と国務院の行政法規との違いは，後者は立法機関の授権に基づいて制定されたものではないという点である。行政法規は，国務院が全人代または全人代常委の認可を得ずに，国務院の独立命令の形

---

2) 連邦制国家の場合，州（または共和国，省，地区）政府に権限が集中しており，単一制国家の中央政府に近い位置づけとなる。州以下の政府は地方政府と呼ばれる。

式で制定した行政立法である。

　一方，地方の省級人民政府が有する租税立法権は，都市維持建設税や不動産税，車船税，城鎮土地使用税等の指定税目の関連条例および実施細則の立法権，不可抗力による個人所得税や企業所得税，資源税の減免に関する権限，地元企業に対する営業税の適用税率の決定権（ただし，法定税率の範囲内で調整可）とされており，非常に限られる。

　第二に，分税制の財政管理体制の下の徴税権限は，国家税務局系統と地方税務局系統，税関系統の三つに分かれている。図6-1が示すように，国家税務局も地方税務局も省レベル・市レベル・県レベルにそれぞれ設置されている。国家税務局系統の上部組織である国家税務総局は，国務院直轄の税務専門機関であり，国家税務局系統に対して垂直的な管理を行い，税法や実施規則の起案を含む税務執行の企画・立案，中央税の執行を行う。同時に，省級人民政府と共同で省級の地方税務局に対して二重の管理を行い，地方税に関する執行面の管理も担当している。地方税務局は，地方の人民政府と国家税務総局の双方から指導を受ける立場にある。一般に，地方税務局の職員は地方政府に帰属するとされているので，地方税務局の人事面では地方政府の影響力が強く，これに対して，地方税務局の業務面では国家税務総局による指導が行われているとされている。この他，基本的な租税政策の企画・立案は財政部が国家税務総局と協力しながら行う。また，関税の執行については，国務院直轄の中央の税関総署と税関総署の下に設置されている税関が担当している。

　「分税制財政管理体制の実施に関する決定」に基づき，各系統で徴収す

3）『中国税制概覧』（2014年版）により，中国の主な税目とその根拠法令を挙げると，次のようになる。①個人所得税：個人所得税法（全人代制定法律，1980年制定，2011年改訂），②企業所得税（法人税）：企業所得税法（国務院行政法規，2008年施行），③増値税（付加価値税）：増値税暫行条例（国務院の行政法規，1993年制定，2008年改訂），④土地増値税（土地付加価値税）：土地増値税暫行条例（国務院の行政法規，1993年制定，2011年改訂），⑤資源税：資源税暫行条例（国務院の行政法規，1993年制定，2011年改訂）。⑥営業税（一般サービス消費税）：営業税暫行条例（国務院の行政法規，1993年制定，2008年改訂）。⑦消費税（個別消費税）：消費税暫行条例（国務院の行政法規，1993年制定，2008年改訂），⑧印花税（印紙税）：印花税暫行条例（国務院の行政法規，1988年制定，2011年改訂）。

図 6-1　中国税務系統組織機構図

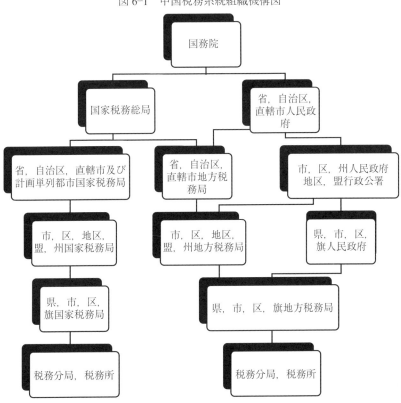

注：1．チベット自治区には国家税務局のみ設置されている。
　　2．計画単列都市とは国家計画のなかに独立して編成される権限をもつ大都市である。2014年現在，大連，寧波，アモイ，青島と深センの五つの都市が計画単列都市である。
出所：劉佐（2014：487ページ）。

る税目および税源配分は，税の性質によって異なる。具体的に表6-4に示すように，国家の権益を守る中央政府のマクロ・コントロールを実施するために不可欠な税目は中央税に，経済発展に直接に関係している税目は共有税に，地方政府の徴収に適合する税目は地方税に区分される。共有税については，中央に配分される税収部分は国家税務局が徴収し，地方収入分は地方税務局が徴収する。しかし，各税目や中央と地方の配分比率は適宜

表 6-4 分税制下の政府間税源配分（中央と省）（2013年現在）

中央税収入（国家税務局が徴収）	中央・地方の共有収入（配分比率）
1．関税，税関代理徴収の消費税と増値税 2．企業所得税（一部指定企業[注1]） 3．消費税 4．車両購置税 5．船舶トン税	1．増値税（税関代理徴収分を除く，中央75％，地方25％） 2．資源税（海洋石油資源税収入部分は100％中央，それ以外の部分は100％地方） 3．営業税（各銀行の本店，各保険会社が集中納付した部分は100％中央，それ以外は100％地方）
地方税収入（地方税務局が徴収）	4．企業所得税（一部指定企業を除く，中央60％，地方40％） 5．個人所得税（60％中央，40％地方） 6．印紙税（株式取引印紙税収入部分は97％中央，3％地方。それ以外は100％地方） 7．都市維持建設税（各銀行の本店，各保険会社本部が集中納付した部分は100％中央，それ以外は100％地方）
1．城鎮土地使用税 2．不動産税 3．耕地占用税 4．土地増値税 5．車船税 6．契約税 7．たばこ税 8．その他の地方付加税	

注：1．一部指定企業とは，国家郵政企業，中国工商銀行股份有限公司，中国農業銀行股份有限公司，中国銀行股份有限公司，中国建設銀行股份有限公司，国家開発銀行股份有限公司，中国農業発展銀行，中国進出口銀行，中国投資有限責任公司，中国建銀投資有限責任公司，中国信達資産管理股份有限公司，中国石油天然気股份有限公司，中国石油化工股份有限公司，その他の海洋石油・天然ガス企業，中国長江電力股份有限公司といった企業の本部，分機構を指す。
2．関税及び輸入増値税，輸入消費税を除き，チベット自治区内で徴収された税収は全額自治区に留保される。
出所：劉佐（2014：481-482ページ）より作成。

変更される。

上述したように，中国は分税制改革を実行し，中央と省の間の財政関係は分税・分権・分機構の形で規範化されたことによって，財政連邦制度に合致した政府間財政関係が確立された。しかし，財政連邦主義は，中央と地方政府の政府間関係についての原理原則を議論したものの，地方政府以下の各階層の政府に対して税源がどのように配分され，支出の役割分担がどのようになされるべきかは明確化されていない。中国の分税制改革も，地方政府の上下級の財政関係に関する中央の通則的な規定がなく，省以下

表 6-5　省レベル以下の地方分税制のパターン

	省レベルの固定税	省・地級市の共有税	地級市の固定税
パターン 1	あり	あり	あり
パターン 2	あり	あり	なし
パターン 3	なし	あり	あり

出所：梁俊嬌（2012）より作成。

の地方政府間の歳入構造にはまったく手を付けなかった。上級政府には直接管理する一級下の政府との税源配分方法を決定する権限が与えられることとなる[4]。すなわち，省政府は管轄する地級市（または地区，自治州，盟）政府との間に配分割合を予め定め，更に各々の地級行政政府が直下の県級市（または市轄区，自治県，自治旗）政府との間を定め，県級政府は直下の郷・鎮級政府との間を定めている。その結果，現在，中国の省以下の地方政府間で実施された地方分税制は，地方ごとに異なった方式が採られている。

　梁俊嬌（2013）は，地方分税制を三パターンに分けられている（表6-5）。各パターンの共通点は，一部の税目を省・地級市共有税として，省と地級市との間で事前に固定比率を定め，税収を分与していることである。パターン 1 では，省と地級市の間で，それぞれいくつかの税目が省レベルの固定税と地級市レベルの固定税として設けられ，その税収が直接省や地級市に留保される。全国では北京市のみパターン 1 の地方分税方式が採用している。北京市では，個人所得税と契約税は北京市の固定税である。増値税や営業税，企業所得税，城鎮土地使用税，土地増値税の税収は，北京市と各区，県との間で分与される。その他の税目は区や県の固定税である。

　それに対して，パターン 2 では，省レベルは固定税があるが，地級市は

---

[4] 2002年に国務院が財政部の「省レベル以下の財政管理体制の改善の関連問題に関する意見」（関于完善省以下財政管理体制有関問題意見的通知）（国発，2002：第26号文書）を公布し，省レベル以下の財政管理体制を調整し整備するように各地の政府に求めたが，具体的な分与方法等については明言されておらず，省レベルの地方政府に権限を与えている。

固定税がない。現在，上海市では，このタイプの地方分税方式が採用されている。城鎮土地使用税や耕地占用税の2税は上海市の固定税であり，その他の税収は上海市と各区，県の間で共有される。

パターン3では，上述の北京と上海両市を除き，中国でもっとも一般的な地方分税方式である。つまり，省レベルは固定税がない。省と地級市との間で事前に一部の税目について固定比率を定め，税収を分与する。同時に，地級市にはいくつかの税目を固定税として設けられている。

(2) 中央と省間の資源税の課税権限と税源配分

現行の資源税制度は，国務院が行政法規として制定した資源税暫行条例および財政部が部門規定として公布した資源税暫行条例実施細則（以下，実施細則）を基本法規定とする。実施細則の別紙として添付さる「資源税税目税額明細表」と「主要品目の鉱山資源等級表」には，中央政府が直接鉱物資源の等級分けを行い，規定された等級別の法定税額が記載されている。税目税額明細表に取り決められていない等級分けされた資源の実施税額は，各地の人民政府が具体的な資源条件に基づき，近隣鉱山の税額を参考に，その税額の30％の変動幅の中で決定することとなる。また，個別企業に対する資源税の減免に関する権限も各地政府に持たせている。つまり，資源の直接管理者である各地方政府は租税立法権限を持っていないため，納税義務者の資源状況を考慮して法定税額の範囲内で適用税額を決定するが，実際の資源条件や経済状況に応じて法定税額範囲を超えての適用税額を調整することはできない（喬朴 2006）。

中央と省との間における資源税の税源配分に関しては，1994年の分税制改革によって中央と省が共同でシェアする共有税に分類されている。具体的には，資源税の税収のうち，海洋石油企業の納付する税収は中央収入分，それ以外の鉱産物と塩の資源税は省レベルに配分されている。これまでに海洋石油資源税は徴収停止しているため，資源税はもっぱら地方税務局が徴収しており（ただし，チベットには国家税務局のみ設置されているため，自治区国家税務局が徴収する），資源税収入もほとんど地方収入分になってお

り，省以下の政府間で配分されている。

　上記の中国の資源税の課税権限と税源配分は，前述した鉱物資源管理をめぐる政府間財政関係のあり方とは似て非なるものである。中国の場合，鉱物資源は国家が所有し，その管理権限は中央政府にあり，中央政府は社会全体の資源消費量の最適化を実現させるために，資源のストック量を総合的に計画し，資源採掘に関わる規制や基準を制定し，資源税を徴収している。しかし，資源税収入は，全額地方政府の一般財源になっており，財政調整制度を通じて政府間で再配分され，それぞれの政府レベルが提供する公的サービスの財源として共有されていない。しかし，鉱物資源は偏在する傾向があり，それに課される資源税は地域間の財政格差を広げてしまうことが懸念される。

(3) 省レベル以下の資源税の税源配分

　分税制改革では，資源税のような共有税の税源配分については，中央と省との間の配分原則を定めたものの，省以下の地方政府間の税源配分に関する規定は存在しない。しかし，省レベル以下の分税制以降の資源税配分の推移について，表6-6に示すように，一定の傾向が見られる。つまり，省および地級市の取り分は年々減少していることに対して，県レベルの取り分は増えつつある。2009年度の省および地級市，県，郷鎮レベル別の資源税収入配分割合は19：17：37：27となる。80％以上の資源税収入が省レベルから地級市レベルに配分され，地級市から更に80％ほどの収入を下位の県と郷鎮レベルに配分されている。県レベルには最も多くの資源税収入が組み込まれている。こうなった背景には，2000年以降の財政体制改革では，省管県（県の財政は省が管理する）改革，郷財県管（郷の財政を県が管理する）改革が試行され，省・市・県・郷鎮の4層からなる財政管理体制は，省・県という二層制へスリム化が図られ，省レベル以下の財政が県に集中するようになったことが考えられる。

　他方，郷鎮レベルにも省や地級市より高い割合で資源税が配分されている。しかし，資源税の取り分は2005年までは拡大傾向にあったが，それ以

表 6-6　省レベル以下の資源税収入の配分の推移（1995年から2009年まで）

単位：億元，%

年度	資源税合計収入	省レベル		地級市		県級		郷鎮級	
		収入	構成比	収入	構成比	収入	構成比	収入	構成比
1995	55.79	24.94	44.71	14.73	26.40	9.86	17.67	6.26	11.23
1996	57.33	24.57	42.86	14.72	25.67	10.69	18.64	7.36	12.83
1997	56.81	23.30	41.02	14.93	26.29	10.20	17.95	8.38	14.74
1998	61.93	24.76	39.99	16.88	27.25	11.27	18.21	9.02	14.56
1999	62.86	24.00	38.18	16.19	25.76	12.84	20.43	9.83	15.63
2000	63.62	24.55	38.59	14.88	23.39	13.79	21.67	10.40	16.35
2001	67.11	25.32	37.73	15.60	23.24	14.57	21.71	11.62	17.32
2002	75.08	26.57	35.39	16.22	21.61	17.19	22.90	15.10	20.11
2003	83.30	25.76	30.93	16.38	19.67	21.48	25.78	19.68	23.62
2004	98.80	24.12	24.41	18.85	19.08	29.44	29.80	26.38	26.70
2005	142.20	29.67	20.87	26.24	18.46	46.00	32.35	40.28	28.33
2006	207.11	42.34	20.44	39.66	19.15	69.06	33.35	56.05	27.06
2007	261.15	48.87	18.72	47.26	18.10	92.98	35.61	72.03	27.58
2008	301.76	61.11	20.25	54.93	18.20	108.62	36.00	77.10	25.55
2009	338.24	65.71	19.43	56.36	16.66	125.19	37.01	90.98	26.90

注：1．「構成比」は，各級資源税収入対資源税合計収入比を表す。
　　2．ここでの税収数値はすべて地方財政の決算数値であるため，前章の分析で使用した税務部門が集計した『中国税務年鑑』の数値と若干の誤差がある。
出所：財政部国庫司予算司編『地方財政統計資料』（1995～2009年各年版）より作成。

降は縮小傾向に転じ，2009年には再び回復した。分税制改革以降，郷鎮政府は，中央政府や上位政府に財源を吸い上げられると同時に，支出責任は押し付けられるなど，厳しい財政状況に置かれていた（吉岡 2010）。このような郷鎮政府の負担を軽減させるために，資源税の郷鎮レベルの取り分を増加させてきた。しかし，郷財県管改革の進展に伴い，郷政府の財政権は県に吸収された。それに加え，2005年の農業税廃止の実施に伴い，資源税の取り分も減らされた。一方，郷財県管の財政管理体制はまだ全国半数

以下の県でしか導入されておらず，多くの県や郷鎮では，従来通りに上位政府との交渉を経て財源確保をしている。そのため，近年，資源税改革が進められるなか，郷鎮政府の負担を軽減させ，資源税の郷鎮レベルの取り分を増加させる傾向が再び強くなってきている。

また，省以下の分税については，各地区の人民政府が個別に行政通達を通して定めており，各地区で実施された地方分税制によって分与の方式がかなり異なってくるが，表6-7に示すように，全国の省レベル以下の資源税収の分与方式にはいくつかの共通点も見られる。第一に，資源税収入がゼロである上海市を除いて30地区のうち，資源税を省の固定税収入とする省は一つもない。第二に，半数の省は，資源税収入を全額地級市レベルの固定税収入に配分されており，残りの半数は省が地級市と定められた割合で共有する形式を採っている。

第三に，地域別に見てみると，東部地域と東北地域は，山東省と河北省を除けば，すべての地区は資源税収入を地級市レベルの固定税収入に配分している。山東省も2012年までに同様な配分方法を採用していたが，2013年に始まった省以下の財政体制改革の一環として，資源税収入の配分方法を改め，石油天然ガス資源税収入を省に配分し，残りの収入を市と県に配分することにした。

一方，中部地域と西部地域のほとんどの地区では，資源税収入を省と地級市の間で定められた割合で共有する形式を採っている。18地区のうち，新疆，寧夏，湖南，湖北4地区では，50％以上の資源税収入が省の一般財源となっている。特に，中国で最も資源豊富な新疆ウィグル自治区では，75％の資源税収入が省に配分される。しかし，残りの14地区においては，資源税収入の半分以上ないし全額が地級市レベルの財政収入に組み込まれている。

つまり，東部地域と東北地域は，中部地域と西部地域と比べると，より多くの資源税収入を下位の地級市レベルに配分する傾向が見られる。その背景には，経済が比較的発達している東部地域と東北地域においては，省レベルの財政には潤沢な地方税収入（城鎮土地使用税や土地増値税，契約税

表6-7 各省における省レベル以下の資源税収入の配分状況（2013年現在）

単位：％

地域	地区	省レベル固定税収入	省・地級市共有税収 省レベル	省・地級市共有税収 地級市レベル	地級市固定税収入
西部地域	内モンゴル	0	25.0	75.0	0
	陝西	0	30.0	70.0	0
	貴州	0	20.0	80.0	0
	新疆	0	75.0	25.0	0
	雲南	0	0	0	100
	四川	0	35.0	65.0	0
	寧夏	0	50.0	50.0	0
	甘粛	0	0	0	100
	重慶	0	0	0	100
	青海	0	40.0	60.0	0
	広西	0	0	0	100
	チベット	0	30.0	70.0	0
東部地域	山東	0	石油天然ガス資源税収入	石油天然ガス以外の資源税収入	0
	河北	0	60.0	40.0	0
	天津	0	0	0	100
	福建	0	0	0	100
	江蘇	0	0	0	100
	広東	0	0	0	100
	北京	0	0	0	100
	海南	0	0	0	100
	浙江	0	0	0	100
中部	山西	0	30.0	70.0	0
	河南	0	0	0	100
	安徽	0	37.5	62.5	0
	湖南	0	50.0	50.0	0
	江西	0	40.0	60.0	0
	湖北	0	50.0	50.0	0
東北部地域	黒竜江	0	0	0	100
	遼寧	0	0	0	100
	吉林	0	0	0	100

注：西部地域，東部地域，中部地域，東北部地域の分け方は中国統計局が公布した「東西中部と東北地区の区分方法」に基づく。

出所：湯貢亮（2010），梁俊嬌（2012），雲南省「省対地州市の財政管理体制方案」（雲南省対地州市財政管理体制方案）（雲政 2001：第101号文書），貴州省「分税制財政管理体制のさらなる改善に関する省人民政府の通達」（省人民政府関于進一歩完善分税制財政管理体制的通知）（黔府発 2013：第9号文書），江西省「『分税制』の実施に関する財政管理体制方法」（実行『分税制』財政管理体制弁法）（贛府発 1994：第1号文書），山西省「省市県財政体制の規範と調整，35の国家重点貧困対策開発県における『省による県の直接管理』財政改革実験の実施に関する通達」（関于調整規範省市県財政体制和在35個国家重点扶貧開発県実行『省直管県』財政改革試点的通知）（晋政発 2006：第45号文書），山東省「省以下の財政管理体制のさらなる改善に関する省人民政府の意見」（関于進一歩深化省以下財政体制改革的意見）（魯政発 2013：第11号文書），青海省「資源税収入管理体制の調整とさらなる改善に関する省人民政府の通達」（関于進一歩調整和完善全省資源税収入管理体制的通知）（青政 2011：第1号文書），内モンゴル「自治区と盟，市財政管理体制のさらなる改善に関する自治区人民政府の通達」（関于進一歩完善自治区与盟市財政管理体制的通知）（内政発 2005：第101号文書），陝西省「省以下の財政管理体制の調整とさらなる改善に関する省人民政府の通達」（陝西省人民政府関于調整和完善省以下財政管理体制問題的通知）（陝政発 2004：第42号文書），チベット「財政管理体制の改革と改善についての若干の規定に関する自治区人民政府の通達」（西蔵自治区人民政府関于改革和完善財政管理体制若干規定的通知）（蔵政発 2004：第14号文書）河北省「省による県の直接管理の財政体制の実施に関する通達」（関于実行省直管県財政体制的通知）（冀政2009：第51号文書）より作成。

表 6-8　資源税をめぐる中国の政府間財政関係

	中央	省	地級市	県	郷鎮
立法権限	あり	なし	なし	なし	なし
徴税権限	あり（海洋石油・天然ガス資源税）	あり（海洋石油・天然ガス以外の資源税）	あり	あり	なし
税源配分	あり（海洋石油・天然ガス資源税）	あり（海洋石油・天然ガス以外の資源税）	あり	あり	あり

など）および中央・地方共有税の地方留保分（増値税，営業税，個人所得税など）が組み込まれている。しかし，中部地域と西部地域は経済後発地域であるため，省レベルの財政に組み込まれる地方税収入と共有税の地方留保分は少ない。省レベルの財政収入における資源税収入の割合，いわゆる資源税への依存度については，東部地域は平均にしてわずか0.6％であるのに対し，西部地域は4.2％に達している。したがって，中部地域や西部地域では，省レベルの一般財源を確保するために，資源税収入の全額を下位の地級市レベルに配分せず，一部を省レベルの財政に配分している[5]。

また，地級市レベル以下の政府間における資源税の配分方式について，明確に定めている地区が少ない。例えば，貴州省では，省と市，県の資源税収入配分割合は20％と20％，60％と定めており，チベット自治区の場合は30％と30％，40％である。山西省は，資源税収入の30％を省に配分してから，残りの70％について，市には15％まで，県には55％以上の税収を配分しなくてはならない。

以上をまとめると，表6-8が示すように，中国の資源税の立法権は中央に集中しており，資源の直接管理者である各地方政府には付与されていない。また，資源税の徴税権は地方税務局系統が有し（チベットを除く），各採掘企業は月々，資源の採掘地あるいは生産地の所属する地方税務局に納税申告をしなければならない。採掘地や生産地が地域を跨る場合は，原則資源の採掘地の所属する地方税務局に納税申告を行う。

5）中国税務年鑑編輯委員会編，『中国税務年鑑』（2012）に基づき計算。

現在，資源税収入は主に二つの方式で省レベル以下の地方政府間で配分されている。つまり，①全額地級市レベルの固定税収入とする方式と，②省と地級市と一定の割合で共有する方式である。①は経済が比較的発達し，省レベルの財政収入が比較的潤沢な東部地域と東北地域で広く採用されており，②は経済後発で，省レベルの財政状況が困難な中部地域と西部地域で普及されている。また，省と地級市が一定の割合で共有する方式を採用した場合でも，新疆を除いてほとんどの地区では，50％以上の資源税収入を地級市レベルに配分している。しかし，地級市レベル以下の政府間における資源税の共有方針を明確に定める地区が少なく，日常的な鉱山管理業務を担っている末端の郷鎮政府への配分方針は全く明らかにされていない。

小括

　本章では，マスグレイブ＝オーツの規範的な財政連邦主義の理論に基づき，鉱物資源の課税をめぐる中央政府と地方政府の権限配分について次のようにまとめた。つまり，鉱物資源を国家が所有する場合，その管理権限は中央政府にあり，中央政府は資源のストック量を総合的に計画し，資源採掘に関わる規制や基準を制定し，鉱物資源に関連する税金を徴収することによって，採掘の最適化を図る。地方政府は資源管理の実行者として，日常的なマネジメントや資源採掘，生産，輸送に関わる社会資本の整備，維持管理などを行うことが望ましい。これに対応して，鉱物資源の管理をめぐる政府間の税源配分の原則は，中央は国税として鉱物資源の採掘企業に課税し，その税収は垂直的または水平的な財政調整を通じて政府間で再配分され，それぞれの政府レベルが提供する公的サービスの財源として共有されるべきである。また，資源の採掘と生産による外部性問題に対処することを目的に鉱物資源に課税する場合は，企業の資源採掘に対する資源税を課税権限と，それによって調達された税収は地方政府に配分されるべきである。

しかし，本章では，中国の資源税における中央と省との間の権限配分と税源配分について確認してきたが，規範的な財政理論とは似て非なるものであることが明らかとなった。中国の場合，鉱物資源は国家が所有し，資源開発をめぐる総合的計画や資源採掘に関わる規制および基準の制定，資源税の徴収など，社会全体の資源消費量の最適化に関わる権限がすべて中央政府に集中しており，国土資源部によって統一的に管理されている。一方，資源税の徴収目的は，社会全体の資源消費量を抑制し，その有効利用を図ることであり，資源の採掘と生産による外部性問題に対処することを主たる目的にしていない。だが，資源税の税収は，財政調整制度を通じて政府間で再配分され，それぞれの政府レベルが提供する公的サービスの財源として共有されるのではなく，全額地方政府の一般財源になっている。鉱山環境回復といった外部性問題への対策財源としては支出されていない。また，省レベル以下の資源税収入の配分割合をみると，県レベルには一番多くの資源税収入が組み込まれることになっているが，地級市レベル以下の政府間における資源税の配分方針を明確に定める地域が少なく，日常的に地域の資源開発管理や環境保護，生態回復といった業務を担っている末端の郷鎮政府への配分方針は全く不明である。

　他方，省レベル以下における資源税の配分について考察した結果，経済が比較的発達し，省レベルの財政収入が潤沢な東部地域と東北地域では，税収を全額地級市レベルの固定税収入にしている傾向がある。これに対して，経済後発で，省レベルの財政が比較的困難な中部地域と西部地域では省と地級市が一定の割合で共有している。これまでに議論してきた資源税収入の大部分を地方政府に留保させることによって，暫定的な財政調整措置としての役割を果たし，豊富な鉱物資源を有する一部の地方政府の財政基盤の強化に貢献した，という制度的特徴は省レベル以下の政府間税源配分の特徴としても垣間見える。しかし，何度も指摘してきたように，鉱物資源は偏在性があり，こうした資源税収入の留保分の調整だけでは，地域間・政府間の財政格差を是正することには限界があり，逆に財政収入格差は拡大してしまう場合もある。また，資源税収入を得るために資源開発を

拡張する発展戦略は，地域資源の枯渇を加速させ，長期的には地域間における不均衡発展および地域間格差の拡大をもたらしてしまう可能性がある。

　次章では，同じく資源税を導入している連邦制国家であるアメリカとカナダ，単一制国家である日本の制度内容，政府間の課税権限と税源配分の状況について考察する。

第7章

国際比較からみた資源税

1. はじめに

　世界中の多くの国では，鉱業企業に対して，資源の採掘段階から一般法人税や一般消費税に加えて，ロイヤリティーや従量もしくは従価採掘税，資源レント税，超過利潤税といった税が導入されている。それは鉱業部門には，長い調査期間や準備期間，多額な投資を要するなど特有なリスクが存在し，それと引き換えに他の産業部門より高い超過利潤が得られるためである。ホーガンとゴールズワージーは，各国の鉱物資源税制は次の理由から大きく異なると指摘する。①カントリー・リスクによって鉱物資源税の税率が異なる。カントリー・リスクが高い国ほど税率が低い，②税率は鉱山プロジェクトの獲得可能な超過利潤に応じて調整されている，③国の嗜好や行政能力によって採用される鉱物資源税制度が異なる。たとえば，安定的な税収や低い行政コストを好む国は従量税を好む一方，高いリスクに伴い高い利潤を期待する国では累進課税が選ばれる（Hogan and Goldsworthy 2010： pp.124-125）。

　また，シャルマとナレシュは，世界の15の主要鉱物資源国の鉱物資源税制を考察し，各国の制度が異なりながらも，一定の共通点があると主張する。つまり，鉱物資源税を導入している国のなか，従価税を採用している

ケースが多い。しかし，国によっては中央と地方政府の課税権限の分権化で多様な鉱物資源税制が生まれている。また，先進国と途上国とでは，財政体制や租税体系が異なるため，鉱物資源税制も大きく相異する（Sarma and Naresh 2001）。

しかし，上記の先行研究では，各国の鉱物資源税制度のトレンドや共通点を明らかにしたものの，具体的な課税対象や税率，税源配分方式，税収の使途についての詳細な議論はなかった。本章では，アメリカの採掘税，カナダの鉱業税に焦点を当て，日本の鉱産税も加えて，各国の鉱物資源税制度の課税対象や方式，税率，税収の使途について検討する。それを踏まえて，中国の資源税と比較し，各国の資源税制度的普遍性および特徴を明らかにし，規範的な鉱物資源の課税理論との整合性について分析する。

2. 諸外国の鉱物資源税

(1) アメリカの採掘税

アメリカでは，各州が独自に制定した州法に基づき，州内で天然資源を開発する企業と個人に対して，採掘税や鉱業ライセンス税（Mining license tax），生産税（Production tax），収穫税（Yield tax），鉱物税（Minerals tax）といった鉱物資源関連税を徴収している。そのうち，採掘税は地表または地中から採掘された原油や天然ガス，石炭，金属鉱等の天然資源に対して課される物品税の一つである。

2010年度のアメリカ各州における採掘税や鉱業ライセンス税，生産税，収穫税，鉱物税といった鉱物資源関連税収入は表7-1のとおりであり，総収入は113.21億ドルで，アメリカの税収総額の1.6％を占める。このうち，約50％は，アラスカとテキサスからの鉱物資源関連税収入である。アラスカ州は採掘税を導入しておらず，鉱物資源関連税収入は鉱業ライセンス税や原油天然ガス固定資産税，原油天然ガス生産税，漁業資源税からなる。一方，テキサス州は，1905年にアメリカで最初に原油採掘税を導入した州

であり，現在，石炭や原油，天然ガス，硫黄の四種類の鉱物資源に対して採掘税を徴収している。また，アメリカの50州のうち，採掘税はテキサス州を含めて25の州で導入されており，重要な再生不能資源の課税手段である。

表7-1　アメリカの鉱物資源関連税収入（2010年度）

単位：千ドル

	税収総額（a）	鉱物資源関連税収入（b）	(b)/(a)
全国	705,929,253	11,321,494	1.60%
アラスカ	4,522,927	3,355,049	74.18%
テキサス	39,516,186	1,856,323	4.70%
ノースダコタ	2,645,695	1,136,553	42.96%
ルイジアナ	8,758,633	758,469	8.66%
オクラホマ	7,082,161	743,686	10.50%
ワイオミング	2,158,260	721,002	33.41%
ニューメキシコ	4,295,237	654,752	15.24%
ウェストバージニア	4,803,704	546,304	11.37%
ケンタッキー	9,531,404	317,146	3.33%
モンタナ	2,142,809	253,649	11.84%
ネバダ	5,835,963	182,752	3.13%
カンサス	6,492,996	102,878	1.58%
ミシシッピ	6,268,823	90,832	1.45%
アラバマ	8,419,911	90,538	1.08%
ユタ	5,237,427	89,162	1.70%
コロラド	8,575,262	71,436	0.83%
フロリダ	30,484,883	71,010	0.23%
アーカンソー	7,559,898	65,147	0.86%
ミシガン	22,208,870	63,106	0.28%
アリゾナ	10,719,958	29,101	0.27%
カリフォルニア	107,195,465	24,409	0.02%
ミネソタ	17,208,877	23,290	0.14%
ワシントン	16,106,154	20,905	0.13%
オレゴン	7,475,135	12,742	0.17%

オハイオ	23,583,596	10,550	0.04%
サウスダコタ	1,321,228	8,410	0.64%
アイダホ	2,951,703	6,730	0.23%
ウィスコンシン	14,368,569	5,004	0.03%
ネブラスカ	3,864,897	3,473	0.09%
テネシー	10,513,788	2,251	0.02%
バージニア	16,411,055	1,882	0.01%
ノースカロライナ	21,514,930	1,464	0.01%
インディアナ	13,795,221	1,426	0.01%
コネチカット	12,344,106	61	0.00%
ミズーリ	9,707,053	2	0.00%

注：デラウェア，ジョージア，ハワイ，イリノイ，アイオワ，メイン，メリーランド，マサチューセッツ，ニューハンプシャー，ニュージャージー，ニューヨーク，ペンシルベニア，ロードアイランド，サウスカロライナ，バーモントには鉱物資源関連税が導入されていない。

出所：U.S. Census Bureau 2010 Annual Survey of State Government Tax Collections（http://www2.census.gov/govs/statetax/10staxss.xls，最終閲覧日2014年11月24日）より作成。

　採掘税制度には次のような特徴が見られる。まず，各州の採掘税の課税対象は表7-2が示すように，州によって異なるが，原油や天然ガス，石炭，金属，非金属などの再生不能資源は主な課税対象である。それに加え，一部の州は木材や貝類のような再生可能資源に対しても採掘税を徴収している。原油や天然ガス，石炭に対して課税している州が最も多い。また，アラバマ州やアーカンソー州，ニューメキシコ州，ウエストバージニア州は他の州より課税対象が広いという特徴がある。

　また，アメリカの州採掘税の課税方式については，参考資料7-1が示すように，次の三種類に大別できる。第一は，従量定額徴収である。石炭や岩石のような固形資源については，ほとんどの州において，トンあたりの税率を決めて従量徴収を行なっている。

　第二は，従価定率徴収である。主に原油や天然ガス，ダイヤモンド等の市場価格の変動が激しい資源を対象として，採掘した時点の公正な市場価格に基づき，売上を計算し，納税額を算出する。ルイジアナ州は，それに加え，森林委員会によって立木値が定期的に改訂される木材についても，

表 7-2 アメリカの州採掘税の課税対象

課税対象		対象州
原油,天然ガス		アラバマ,アーカンソー,コロラド,フロリダ,カンサス,ルイジアナ,ミシガン,ノースダコタ,サウスダコタ,オハイオ,テキサス,ユタ,ワイオミング,ネブラスカ,ニューメキシコ,ウェストバージニア（計16州）
石炭		アラバマ,アーカンソー,コロラド,ケンタッキー,カンサス,モンタナ,ノースダコタ,サウスダコタ,オハイオ,ワイオミング,テネシー,ニューメキシコ,ウェストバージニア（計13州）
その他の石炭（褐炭,廃棄石炭）		アーカンソー,ルイジアナ,ウェストバージニア(計3州)
塩または塩水		アーカンソー,ルイジアナ,ミシシッピ,オハイオ(計4州)
木材		アーカンソー,ルイジアナ,ミシシッピ,ニューメキシコ,ウェストバージニア（計5州）
貝類		フロリダ,ルイジアナ（計2州）
金属鉱		アラバマ,アリゾナ,コロラド,ユタ,サウスダコタ（金のみ）,ミネソタ（タコナイトのみ）,ニューメキシコ（計7州）
非金属鉱	石灰石（岩）	アラバマ,アーカンソー,テネシー,ウェストバージニア,オハイオ（計5州）
	その他の岩石（花崗岩,ノバキュライト,ダイヤモンド,頁岩,泥灰岩,砂岩,白雲石,オイル・シェール,真珠,大理石等）	アラバマ,アーカンソー,コロラド,ルイジアナ,フロリダ,テネシー,ウェストバージニア,オハイオ（計8州）
	石膏	アーカンソー,ニューメキシコ,オハイオ（計3州）
	砂,砂利,砂礫,粘土	アラバマ,アーカンソー,アーカンソー,ニューメキシコ,ルイジアナ,ウェストバージニア,オハイオ（計6州）
	硫黄	アーカンソー,ルイジアナ,フロリダ,テキサス(計4州)

出所：OECD/EEA database on environmentally related taxes, fees and charges, other economic instruments and voluntary approaches used in environmental policy and natural resources management（http : //www2.oecd.org/ecoinst/queries/,最終閲覧日2013年8月8日）,US State Law（http : //law.justia.com/,最終閲覧日2014年2月28日）より作成。

採掘税の従価定率徴収（現在の立木値の2.25％）が行われている。

第三は，従量定額追加徴収である。アーカンソー州の場合，通常の塩水採掘税（2.75ドル/千バレル）と原油採掘税（総売上高の5％），石炭採掘税（11.5セント/トン），非金属資源採掘税（4セント/トン）に加え，さらに塩水追加採掘税（20セント/トン），原油追加採掘税（2.5セント/バレル），石炭追加採掘税（8セント/トン）と非金属資源追加採掘税（3セント/トン）を徴収している。追加採掘税は，特定財源を調達するためのものであり，そこからの税収は一般的な採掘税と分けて特別収入として専門基金に組み込まれて管理されるケースが多い。

郡は，一般的に州法が定める採掘税の税率や税額に基づき，採掘税を徴収するが，独自に採掘税の税率を定める郡も存在する。例えば，アーカンソー州のジャクソン郡やマーシャル郡，クーサ郡は石炭に対して20セント/トンの採掘税を徴収している。これらの郡は，州法で定められている石炭採掘税は徴収していない。また，州に代理徴税を委託しているため，州の徴税部門が税収から徴税手数料を差し引いて郡に渡すシステムをとっている。

さらに，アメリカの採掘税収入は州法に定められた配分割合に基づき，①州と郡の間で分割されるケースと，②州と郡，特定基金もしくは信託基金に分割されるケースがある。州と郡の間で分割する場合，税収の大部分は資源の生産郡に配分されるが，使途は郡の一般財源に充当されるほか，公立学校教育や高速道路，橋などのインフラ整備の財源に限定されるケースもある。なお，州に残された税収は殆どの場合，一般財源に充てられる。

一方，多く州では採掘税収入の一部が州一般財源として配分され，残りの部分は州や郡の特定基金または信託基金として管理，運用されている。例えば，特定基金には原油・天然ガス委員会基金や石油博物館基金，森林基金，州立公園基金，石炭採掘税基金，鉱山回復土地基金があり，主に自然保護や天然資源博物館の建設・保守・管理，鉱山環境回復，再生可能なエネルギー開発，教育関連支出，生活用水インフラ整備といった資源開発による負の影響を是正するための資金として活用される。また，採掘税信

託基金は主に再生不能資源の代替資源の開発促進や鉱山開発の影響を受ける地域への融資などの財源として運用される。木材資源税は特別森林基金として管理され，森林保護財源や州立公園，リクリエーション施設の維持財源となっているケースが多い。

(2) カナダの鉱業税

カナダの州・準州は，関税以外の租税に関する課税対象や方法，税率等を自由に決定する権利が憲法によって付与されている。そのため，各州・準州はそれぞれの天然資源の状況に基づき，鉱業税やロイヤリティー等の鉱物資源関連税をめぐる根拠法を制定し，徴税を行っている。そのうち，鉱業税はアメリカの採掘税と同じく地面から鉱物を抽出する採掘事業に対

表7-3 カナダの鉱物資源関連税収入（2009年4月〜2010年3月）

単位：百万ドル

	税収総額 (a)	鉱物資源関連税収入 (b)	(b)/(a)
全国	432,474	2,182.4	0.50%
連邦政府	196,745	n/a	n/a
ノバスコシア	5,405	2.2	0.04%
ニューブランズウィック	4,211	43.8	1.04%
ケベック	60,812	114.2	0.19%
オンタリオ	94,014	11	0.01%
マニトバ	7,808	10	0.13%
ブリティッシュ・コロンビア	25,931	292.1	1.13%
ニューファンドランド・ラブラドール	3,034	138.9	4.58%
サスカチュワン	8,976	86.5	0.96%
アルバータ	24,236	1,393.0	5.75%
ユーコン	140	0.3	0.21%
ノースウェスト，ヌナブト	406	90.4	22.27%
プリンスエドワードアイランド	755	n/a	n/a

注：ここでは名称の後の「州」，「準州」はすべて省略する。
出所：Statistics Canada（table 385-0001, table 385-0032），ENTRANS Policy Research Group study for Mining Association of Canada（2011），P.Stothart（2011）より作成。

して課される税として定義されている。

2009-10年度のカナダ各州・準州における鉱業税を含む鉱物資源関連税収入は表7-3のとおり、総収入は21.82億ドルで、カナダの税収総額の0.5％を占める。

現在，上記の13の州および準州のうち，ノバスコシア州とニューブランズウィック州，ケベック州，オンタリオ州，ブリティッシュ・コロンビア州，マニトバ州の6州が鉱業税を導入しており，表7-4は各州の根拠法と課税対象，税率を示している。カナダの鉱業税の特徴としては，まず，ほとんどの州では，主要鉱業である原油や天然ガス，オイル・サンドについては，ロイヤリティー体系が維持されているため，州鉱業税は金属鉱物や非金属鉱物資源を課税対象としている。

表7-4　カナダの州鉱業税の課税対象および税率

	根拠法	課税対象	税率
ノバスコシア	石膏鉱業収入税法	石膏	年間総収入の$33\frac{1}{3}$％（年間総収入が5000ドル以下の場合は対象外）
ニューブランズウィック	金属鉱物税法	金属鉱物	年間純収入の2％，10万ドルを超えた純利益の16％（ただし，25％の調査支出費用控除後）
ケベック	鉱業税法	ロイヤリティーの徴収対象とされていない鉱物資源全般	利益の16％
オンタリオ	鉱業税法	有機または無機を問わず，鉱石，岩石，鉱物および鉱滓などの鉱物資源全般（珪藻土，石灰岩，泥灰土，泥炭，粘土，建物石，鑑賞用や装飾用の石，金を含まない砂，砂利，天然ガス，原油，溶液法によって回収した塩化ナトリウムを除く）	新規または拡張した鉱山に対して，操業からの3年間は，最初の1000万ドルの利益は非課税である。また，僻地鉱山の場合は適用期間が10年まで延長される。

第7章　国際比較からみた資源税

マニトバ	鉱業税法	岩石，砂利，泥炭，粘土や石膏，石油，天然ガスを除く鉱物資源全般	・年間利益が5000万ドル以下：税額＝利益の10％。 ・年間利益が5000～5500万ドル：税額＝（年間利益－5000万ドル）×65％＋500万ドル。 ・年間利益が5,500万～1億ドル：税額＝利益の15％。 ・年間利益が1～1.05億ドル：税額＝（年間利益－1億ドル）×57％＋1500万ドル。 ・年間利益が1.05億ドル以上：税額＝年間利益×17％。 ・新規鉱山の場合，初期投資が全額回収されるまで免税。
ブリティッシュ・コロンビア	鉱業税法	卑金属，宝石，亜ヒ酸，珪藻土，雲母，リン，硫黄酸化物，アスベスト，ドロマイト，マグネサイト，軽石，滑石，重晶石，蛍石，大理石，珪岩，火山灰，天青石，黒鉛，磁鉄鉱，塩，粘土，石膏，黄土，頁岩，石灰岩パーライト，シリカ，珪藻岩，貴金属，レアアース，定尺の石	・純当期利益に対して2％，あるいは純利益に対して13％。

出所：OECD/EEA database on environmentally related taxes, fees and charges, other economic instruments and voluntary approaches used in environmental policy and natural resources management（http://www2.oecd.org/ecoinst/queries/，最終閲覧日2013年8月8日），各州の州法（http://www.canlii.org/，最終閲覧日2014年2月28日）及び財政部門ホームページ掲載資料より作成。

　また，多くの州は販売利益や総収入をベースにした従価定率徴収の課税方式を採用しており，正味生産利益に対して鉱業税を徴収している。つまり，高リスクで資本集約産業である鉱業の特性を考慮し，鉱業会社が税引き前に投下資本の大部分を回収できる仕組みになっている。例えば，ブリティッシュ・コロンビア州の場合，二段階課税方式が導入されており，鉱山の初期投資が回収されるまでの間は，純当期利益（＝総収益－操業費）の2％という最低税率が適用される。それ以降の標準税率は純利益（＝純

当期利益−修正資本費−探査費−操業前開発費−投資控除額）の13％となる。ただし，最低税率で支払った税額が標準税率で課される税額から全額控除できる。

さらに，1867年憲法第92条Aにより，天然資源は州の所有物とされており，その採掘権料等は州の収入となる，と定められているため，各州の鉱業税収入は，森林収入や石油採掘権料，天然ガス採掘権料，石油・天然ガス権利売却収入，ロイヤリティーといった資源関連収入とともに，州の一般財源とされている。

(3) 日本の鉱産税

日本では，鉱区の面積に応じて所在の道府県において，鉱業権者に課される鉱区税（一種のロイヤリティー）と，鉱物の価格に応じて所在の市町村において採掘業者に課される鉱産税の二種類の鉱物資源関連税がある。そのうち，鉱産税は，日本の地方税法第519条〜第550条に基づき，鉱物の採掘事業に対し，その鉱物の価格を課税標準として，当該事業の作業場所在の市町村によって徴収される税である。

1961年から2011年までの鉱産税収入の推移は図7-1が示すように，近年，原油や天然ガスが日本領海内でも採掘されるようになったことで，鉱産税の税収額は微増傾向にあるが，石炭の採掘が盛んであった昭和期に比べれば，税収額そのものは遥かに低額である。なお，日本の税収総額に占める鉱産税収入の割合はわずか0.001％未満である（北川 2011）。

鉱産税は，鉱物の採掘事業に対して課される。その課税対象は，鉱業法第三条に規定する金・銀・銅・鉛・総鉛・スズ・アンチモン・水銀・亜鉛・鉄・硫化鉄・クローム鉄・マンガン・タングステン・モリブデン・ヒ素・ニッケル・コバルト・ウラン・トリウム・リン・黒鉛・石炭・亜炭・石油・アスファルト・可燃性天然ガス・硫黄・石膏・重晶石・明ばん石・蛍石・石綿・石灰石・ドロマイト・珪石・長石・ろう石・滑石・耐火粘土・砂鉱・鉱物の廃鉱または鉱滓である。

また，鉱産税の標準税率は，毎月採掘された鉱物の価格が，当該事業の

図7-1 鉱産税の税収および納税義務者数の推移（1961年から2011年まで）

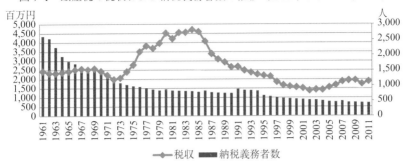

出所：総務省「平成24年度地方税に関する参考計数資料」，「市町村税課税状況の調（平成21～23年）」，「法定税の法定任意税化・法定外税化の検討」とその添付資料より作成。

作業場所在の市町村ごとに200万円を超える場合は1％（制限税率は1.2％），200万以下の場合は0.7％（制限税率は0.9％）である。鉱物の価格は，市場価格から運搬費，手数料その他の費用を控除したものとして算定される。

　日本における鉱業事業者数は図7-1が示すように減少傾向にあるが，一部の地方自治体にとっては，現在も鉱産税は貴重な財源となっている。例えば，鹿児島県の伊佐市の場合，平成23年度の市税に占める鉱産税の割合は9.2％に達する[1]。鉱山所在市町村は，これまでに鉱業とともに発展してきたところが多い。一方，鉱物の採掘，運搬等の事業活動に伴って農地の陥没，道路橋梁の損傷等の被害を受けることも多く，鉱山が所在することにより余儀なくされる行政経費の支出は相当額にのぼっている。これらの鉱山所在市町村と鉱山との密接な利益関係に着目し，鉱山所在市町村の特別な財政需要に充てるため，特に鉱業のうち採掘部門に対しては，市町村が鉱産税を課している。また，市町村の財政規模，鉱山が所在するために余儀なくされる財政需要の性格等に照らし，採掘した鉱物の価格を課税標準とすることにより，事業の収益の多寡にかかわらず応益的に毎年度安定

---

[1] 伊佐市（2013）『平成24年度版　統計いさ』（http://www.city.isa.kagoshima.jp/about/pdf/h24-toukei_isa02.pdf，最終閲覧日2014年11月28日，60ページ）。

した税収入をもたらすことを鉱産税の課税目的としていた[2]。そのため，鉱業が盛んであった昭和期においては，鉱産税収入は安定しており，鉱業労働者の衛生関連費用や就学児童の教育費等に支出されていた。現在，鉱産税は市町村税のうちの普通税の一つとして一般会計歳入に組み込まれており，使途を特定せずに一般経費に充てられている。

3. 各国の鉱物資源課税制度の比較

アメリカの採掘税，カナダの鉱業税，日本の鉱産税とこれまでに議論してきた中国の資源税（以下，この四種類の税を鉱物資源税という）について，比較分析した結果，次のような五つの大きな特徴が見られた。

第一に，各国の鉱物資源税の課税対象には再生不能資源のほぼ全般が含まれる[3]。しかし，アメリカの多くの州では，鉱物資源に加え，木材に対しても採掘税を徴収している。また，フロリダ州やルイジアナ州では，貝類も課税対象に加えられている[4]。つまり，再生不能資源という概念の捉え方や範疇は，各国においては一律ではなく，国や地域によって異なることとなる。元来，天然資源の分類は経済時間に基づくため，増加率が十分に高く，経済時間内に再生が可能な資源は再生可能資源に，その時間内に再生できない資源は再生不能資源に分類される[5]。しかし，現実には，経済時間を考慮し，天然資源の異時点間における最適な配分を見出すことが難しく，再生可能資源であっても，資源の採掘量がその増殖量を超える場合，ある特定の期の最適採掘量がゼロになる可能性がある。それを無視し

2）自治省市町村税課（1989）『市町村諸税逐条解説』財団法人地方財務協会，163ページ。
3）カナダのほとんどの州では，原油や天然ガス，オイル・サンドについては鉱業税ではなく，ロイヤリティーが徴収されている。
4）アメリカの以外の国や地域では，森林の保護や木材の伐採に対しては，鉱物資源税とは別に森林資源補償費（中国）や木材税（カナダ・コロンビア州），木材引取税（日本 1989年廃止），森林環境税（日本・高知県ほか）といった税制を導入しており，再生可能な森林資源を非再生可能な鉱物資源と分けて考慮して，管理を行っている。
5）経済時間とは，経済計画や経営管理が意味を成すような時間の長さのことである（J.M.Conrad 1999：1ページ）。

て採掘し続けると，資源が増殖できなくなり，いずれ枯渇してしまう。経済時間の捉え方は国や地域の資源の開発・利用をめぐる経済計画目標の設定や経営管理の習慣によっては異なるため，それによって，再生不能資源の範疇も異なってくる。

　第二に，鉱物資源税の課税方式については，中国の資源税は，原油や天然ガスのような市場価格の変動が激しい資源に対しては売上高に基づく従価定率徴収をし，石炭やその他固形資源に対しては販売量に基づく従量定率徴収をする二通りの徴収方式が併存している。これはアメリカ各州の採掘税に類似する。他方，日本は，すべての課税対象に対して価格に基づく従価定率徴収をしている。カナダは，鉱業税を導入している州の半数以上は鉱山の年間利益をベースに定率徴収を行っている。

　課税方式の選択に関しては，その国にとって従価課税がよいのか，それとも従量課税がよいのか，利益課税がよいのかは一概に言えない。それぞれの国が選択した課税方式は決してそれが最も優れているのではなく，その税制の導入の背景や変遷の結果であると言える。例えば，中国の資源税は，1978年の改革開放以降，鉱物資源の開発分野における外国資本や技術の導入のため，欧米諸国が行っている鉱業利潤に基づくロイヤリティーの徴収を参考に導入された制度である。その後，計画経済から市場経済への移行，そして市場経済の深化とともに制度が変遷したが，資源税は長い間従量定額徴収方式を採用していた。そのため，近年，資源価格が高騰し続けたにも関わらず，資源税の課税額が販売価格の動きに応じて変わるわけではないので，政府は資源開発企業が得る収益に比例して資源税の税収を増やすことができなくなっているという課題が浮き彫りになった。これを解決するために，2011年に政府は資源税改革を行い，原油と天然ガスについては売上高に基づく従価定率徴収，石炭やその他の資源については販売量に基づく従量定額徴収というハイブリット課税方式に切り替えた。

　他方，日本の鉱産税は明治6年の日本坑法において国税の鉱業税として課したことが始まりである。当時の鉱業税は借区税および坑物税の2種類で構成されており，借区税は鉱区の面積に応じて坑業を行う者に，坑物税

は採製した金属および諸坑物の価格に応じて製鉱を行う者に対してそれぞれ課するものとされていた。その後の明治23年の鉱業条例の制定や38年の鉱業法改正などに伴って鉱産税も改正された。昭和22年の地方税法改正によって，鉱産税が都道府県税となり，精錬事業に対しては事業税を課すこととなった。市町村はこれらに付加税を課することとされた。そして昭和25年に現行の地方税法が施行されたことで，事業税は都道府県において，鉱産税は市町村においてそれぞれ課することとなった。つまり，日本の鉱産税は市町村レベルの事業税に代わるものとして扱われており，法人事業税等と同じ，収入金額に一定の税率を乗じた金額で徴収するという考え方が採られている。

　第三に，課税権限については，国の関与が強い国（日本，中国）と国の関与が低く，自律性の高い国（カナダ，アメリカ）に大別することができる。日本と中国は，税率および課税ベース，税収分与のすべてが中央政府によって決定される。日本の鉱産税は，地方税法によって地方自治体が課税すべき普通税として指定されており，採用する地方税率には標準税率と制限税率が決められており，地方自治体独自の決定範囲が制約されている。中国の資源税についても，中央政府が資源税暫行条例を制定し，直接鉱物資源の等級分けを行い，等級別の課税標準と税率を規定している。資源の直接管理者である各地地方政府が納税義務者の資源状況を考慮して，法定税額の範囲内で適用税額を決定するが，標準税率以上の税率で課税する権限は持たない。これに対して，アメリカとカナダの場合，憲法によって各州が独自に制定する州法もしくは個別法において，地方税の課税標準と税率を自己決定することができ，高い課税自主権が付与されている。特に，アメリカにおいては，郡は州法で定められている採掘税の徴収をせずに，独自に課税標準と税率を取り決め，採掘税を徴収する場合もある。

　その結果，日本や中国と比較すると，アメリカやカナダの鉱物資源税制度は，州政府が課税対象の選択と税率設定という歳入面での自己決定権をもつため，前述したように林業や漁業のような再生可能な資源を含めた課税対象を選択することができ，自らの州の財政状況や資源状況に応じて税

表 7-5 各国における鉱物資源税の税源配分

	中央	地方政府／地方自治体	
	連邦政府／中央政府	州／都道府県／省・直轄市	郡・市町村／市・県
アメリカ	なし	法定割合	法定割合
カナダ	なし	100%	特に取り決めなし
日本	なし	0%	100%
中国	海洋石油資源税部分（ただし、徴収停止中）	海洋石油資源税以外の部分	特に取り決めなし

率を設定し、調整することが可能である。例えば、アメリカの場合、トンあたり85セントの税率を設定して石炭採掘税を徴収している州（コロラド州）もあれば、ルイジアナ州のように石炭採掘税を持たない州もある。同じ原油・天然ガス採掘税をとっても、アラバマ州のように総売上高の2％の税率を設定する州もあれば、カンサス州のように8％の税率を設定する州もある。

　第四に、税源配分に関し、この四カ国のなかで、鉱物資源税を国税としている国は一つもなく、税収はすべて地方政府や地方自治体の収入として配分されている。具体的には、表7-5が示すように、中国の資源税は中央地方共有税、アメリカの採掘税とカナダの鉱業税は州税（アメリカは一部の地域では郡税として徴収）、日本の鉱業税は市町村税とされている。中国の資源税の場合、中央政府の税収分と定められている海洋石油資源税は導入された当初から徴収が停止されていることから、実質上の地方税である。また、税源配分については、日本の鉱業税は全額市に配分されており、カナダの鉱産税収入はすべて州に帰属することとなっている。他方、中国の資源税収入は、省や直轄市の地方財政に組み込まれるが、省とその下位の市や県との間にどのように配分するのかは、各省が独自に取り決めている。アメリカの州政府も下位の郡や市町村との間でさらに採掘税収入を配分することができる。

　第五に、税収の使途については、中国やカナダ、日本では、鉱物資源税

収は全額一般予算に組み込まれている。これに対し，アメリカの多く州では，採掘税収入の一部を州一般財源として配分された後，残りの部分を州や郡の特定基金または信託基金として管理され，森林保護や鉱山環境の回復，高速道路保守，生活用水インフラ整備，代替資源の開発促進，教育資金など，鉱山開発による外部不経済や鉱物資源の枯渇によってもたらされる世代間の格差是正のための財源として幅広く運用される。つまり，アメリカの州政府は課税対象の選択と税率設定という歳入面での自己決定権をもつだけではなく，税源配分方式と税収の使途に関する歳出面においても自己決定権を保持しているため，他国と比較するとより多種多様な鉱物資源課税の形態を有することとなる。

小括

　本章は，アメリカの採掘税とカナダの鉱業税，日本の鉱産税について，それぞれの課税対象や課税方式，税収の使途を中心にサーベイし，各国の鉱物資源税制の運用状況を取りまとめた。この三カ国の鉱物資源税制にこれまでに議論してきた中国の資源税を加えてみれば，いくつかの共通点がある同時に，異なる特徴が見られた。まず，各国の鉱物資源税の課税対象には再生不能資源の全般が含まれる。アメリカでは，再生不能な鉱物資源に加え，林業や漁業のような一般的に再生可能な資源と思われる採掘行為に対しても同じく採掘税を徴収していることも明らかとなった。

　また，鉱物資源税の課税方式については，原油や天然ガス，貴金属といった市場価格の変動が激しい資源に対しては売上高に基づく従価定率徴収を行い，それ以外の固形資源に対しては販売量に基づく従量定率徴収をする傾向が確認できた。

　さらに，各国の鉱物資源税制における課税権限配分と税源配分について比較分析した結果，各国での運用の仕方は多種多様で，規範的な財政理論と整合して一括で議論することは困難であることが明らかとなった。規範的な財政理論では，天然資源には偏在性，不安定性，予測不可能性がある

ため，鉱物資源税は地方税に適していない，とされているが，日本や中国では課税権限が中央政府に集中しているのに対して，アメリカやカナダの場合は州政府に帰属する。鉱物資源税の税源配分に関しても，中央ではなく，地方政府や自治体に配分されているが，国によっては中央地方政府間における税源の配分方式が異なる。

　最後に，日本や中国のような集権的な単一制国家と比べて，カナダやアメリカのような分権的な連邦制国家の税制は，中央の関与が低く，自律性が高いため，鉱物資源税制においても，より多様な一面を持つことが確認できた。特に，アメリカの場合，各州が独自に税率や課税対象を設定するため，鉱物資源税の税率は州によって大きく異なる。また，税源配分の方法をとっても，鉱物資源税収入全額が州の一般財源とされる州もあれば，郡に配分される州もある。さらに，鉱物資源税の支出面においても，アメリカの場合，採掘税の収入は，資源の生産郡の一般財源や公立学校教育財源，高速道路，橋などのインフラ整備の財源として配分されているほかに，森林基金や石炭採掘税基金，鉱山回復土地基金，生活用水インフラ整備といった資源開発による負の影響を是正するための資金や，再生可能なエネルギー開発，代替資源の開発促進への融資原資などとしても運用されている。他の国の事例では見られなかったようなより多様な運営の仕方が存在する。その理由は，州政府が，課税対象の選択と税率設定という歳入面での自己決定権をもつだけではなく，税源配分方式と税収の使途に関する歳出面での自己決定権も保持している点にある。

　本章の考察から各国における鉱物資源税制の選択は決してそれが論理的にもっとも優れているのではなく，その国の政治体制や歴史的発展段階，経済状況こそ税制のあり方を決める重要なファクターである。次章は古代から近代までの鉱税の沿革をまとめ，中国歴史上における資源税の意味をさぐり，現在中国が採用している資源税制度のあり方について，経済および財政面以外の決定要因を考察する。

参考資料7-1　アメリカの州採掘税の課税対象および税率，税源配分，使途（2013年現在）

州	課税対象	税率	税源配分	税収使途
アラバマ	鉄鉱	3セント/トン	100％州	一般財源
	天然鉱物，砂，砂利，砂岩，花崗岩，ページ岩，粘土，白雲石，石灰岩	10セント/トン	100％郡	採掘税基金として管理，75％はインフラ建設等への財源に充当される。
	原油，天然ガス	総売上高の2％（総売上高は採掘した時点の市場価格に基づき計算，以下も同様）	100％州	一般財源
アリゾナ	金属資源	2.5％（生産時の市場価格から費用を差し引いた金額の50％を課税ベースとする）	20％は州。残りの80％は　州34.49％，郡40.51％，市25％に配分	一般財源
アーカンソー	塩水	2.75ドル/千バレル	55％は州一般財源，16％は原油・天然ガス委員会基金，11％は石油博物館基金，18％は生産郡に配分	一般財源，特定基金
	原油，天然ガス	総売上高の5％	100％州	5％は一般財源，95％は高速道路基金
	木材	12.5セント/トン	3％は州一般財源。97％のうち，森林採掘税収入部分は全額州森林基金（うち，35万ドルはアーカンソー大学モンティチェロ基金）に，ダイヤモンド採掘税収入の75％は州立公園基金に配分。森林採掘税と	一般財源，州森林委員会業務経費，大学森林学院の資金，州立公園やリクリエーション施設，旅行委員会等の州自然保護資金。郡に配分された資金の50％は公立学校資金，50％は高速道路資金に支出される。
	重晶石，ボーキサイト，チタン鉱石，マンガンおよびマンガンを含む鉱石，亜鉛鉱石，辰砂	15セント/トン		
	石炭，褐炭，鉄鉱石	11.5セント/トン		
	石膏，化学等級石灰石，珪砂，定尺の石	1セント/トン		

第7章　国際比較からみた資源税

	花崗岩，石板，ノバキュライト，および石灰石，建設用砂利，砂礫，粘土，白亜，頁岩，および泥灰岩等の砕いた石	4セント/トン+3セント/トン（追加税）	ダイヤモンド採掘税収入を除いた残りの採掘税収入の75％は州一般財源に，残りの部分は郡に配分	
	ダイヤモンド，フラー土，黄土，天然アスファルト，硫黄，塩，真珠やその他の貴重な石，砥石，および上記を除くその他の天然資源	総売上高の5％		
	石炭追加採掘税	8セント/トン		
	原油追加採掘税	2.5セント/バレル		
	塩水追加採掘税	20セント/トン	州特別収入として3％はConstitutional Officer基金と中央サービス基金，97％は石油博物館基金に配分	州天然資源博物館の建設，保守，運営，改善などの財源に配分される。
コロラド	モリブデン鉱	5セント/トン	50％は州採掘税信託基金，50％は地方政府採掘税信託基金に配分	州採掘税信託基金は天然資源の代替資源の開発促進と管理，水資源保護，低所得世帯のエネルギーコストの負担増の軽減などの資金調達プログラムに支出される。地方政府採掘税信託基金の70％は課税対象鉱物の開発や加工，エネルギー転換によって社会的もしくは経済的な影響を受ける下級行政部門の公共施設の建設，
	石炭	85セント/トン		
	金属資源	総売上高の2.25％		
	原油，天然ガス	総売上高の5％		
	オイルシェール	総売上高の4％		

				維持管理の経費に，残りの部分は生活排水処理施設や飲用水処理施設の建設や保守，拡張等に支出される。
フロリダ	リン鉱石	1.61ドル/トン	35.7％は州一般財源に，25.5％は保全とレクリエーション土地信託基金に，12.8％はリン鉱石の生産トン数に比例して郡に配分，10％は重大な経済的懸念のある農村地域に指定されている郡に配分。6.2％は任意鉱山回復信託基金に，6.2％は教育部リン酸塩研究信託基金に，3.6％は鉱物信託基金に配分	一般財源，特別信託基金。郡に配分された12.8％の部分はリン鉱関連経費に支出される。
	重鉱物	ベース税：1.34ドル/トン，2013年税率： 3.92ドル/トン		
	その他の固形鉱物	総売上高の8％		
	硫黄製品	2.71ドル/ロング・トン	100％原油と天然ガス税信託基金に管理され，一部企業に税金還付してから，州および資源生産郡，鉱物資源信託基金に配分	n/a
	天然ガス	0.171ドル/MCF		
	原油	総売上高の8％		
カンサス	石炭	1.00ドル/トン	7％は郡特別郡鉱物採掘税基金に，12.41％は原油天然ガス評価性枯渇信託基金に，残りは一般予算に配分	n/a
	原油，天然ガス	総売上高の8％		
ケンタッキー	石炭	50セント/トンまたは販売価格の4％/トン	州一般財源として管理されてから交通（道路）基金もしくはエネルギー	n/a

第7章 国際比較からみた資源税

ルイジアナ	天然ガス	11.8セント/MCF	開発・自立部署に配分	州一般財源，郡の道路，橋メンテナンス財源
	原油	総売上高の12.5%	1/3の硫黄採掘税と1/5の硫黄以外の資源採掘税，3/4の木材採掘税は資源生産郡に配分，その他は州の一般財源に配分	
	硫黄	1.03ドル/ロング・トン		
	塩	20セント/トン		
	木材	現在の立木値の2.25%		n/a
	大理石	2セント/トン		
	石	3セント/トン		
	砂，貝類	6セント/トン		
	塩以外の製造に使用される塩水	0.5セント/トン		
	褐炭	12セント/トン		
ミネソタ	タコナイト	2.465ドル/トン	郡，市，鎮およびアイアンレンジリソース＆リハビリテーション委員会（IRRRB）基金に配分	n/a
ミシシッピ	木材	25¢～1ドル/千ボード・フィート	50%は州，50%は塩の生産郡に配分	n/a
	塩	総売上高の3%	80%は森林資源開発基金，20%は木材の生産郡に配分	n/a
ミシガン	原油	総売上高の6.6%	2%（＞100万ドル）は放棄油井基金，98%は州一般財源に配分	州一般財源，放棄された石油・天然ガス・塩などの井戸の閉鎖や環境対策，回復財源
	天然ガス	総売上高の5%		
ニューメキシコ	石炭	露天掘り：57セント/トン 坑内掘り：55セント/トン	50%は石炭採掘税基金，12%はLong-range Building Program，5.80%は州石炭天然資源口座，5.46%は州農	州一般財源（公立学校や福祉，高等教育支出を中心に支出），再生可能な資源開発促進，地域インフラ整

161

			業保全地区図書館委員会に、1.27%は州立公園基金、0.95%は再生可能資源債券サービス基金、0.63%はカルチャー信託、25万ドルは石炭及・ウラン鉱山許認可および回復プログラム、残りは州一般財源	備、水資源保全、農業発展、地域保全、州立公園の維持管理、鉱山環境保全等の財源
	銅	総売上高の0.5%	採掘税総合基金を経て最終的に採掘税恒久基金に組み込まれる。そのうち、4.7%は州一般財源に配分	経済促進のための各種商業ローンの財源、州一般財源
	木材、軽石、石膏、砂、砂利、粘土、蛍石や他の非金属鉱物、鉛、亜鉛、トリウム、モリブデン、マンガン、希土類などの金属	総売上高の0.125%		
	金、銀	総売上高の0.25%		
	原油、天然ガス	総売上高の3.75%		
ネブラスカ	原油、天然ガス	総売上高の3%	100%採掘税管理基金	州一般財源、学校基金
ノースダコタ	天然ガス	8.33セント/MCF	20%は州水開発総合基金に、20%は通常学校基金と財団援助安定化基金に、30%州一般財源に配分	
	石炭	37.5セント/トン	100%石炭開発基金に組み込まれてから、30%は石炭信託基金、70%は石炭生産郡に配分	石炭開発に影響された地区への融資、郡の一般財源
	原油	総売上高の5%	7500人以上、または2%以上の市民が炭鉱活動に従事する原油生産郡に50万ドルを、7.5%	n/a

第7章　国際比較からみた資源税

			以上の郡には100万ドルを配分。また20％は州水開発総合基金に，20％は通常学校基金と財団援助安定化基金に，30％州一般財源に配分	
オハイオ	粘土，砂岩，頁岩，礫岩，石膏と珪岩	1セント/トン	100％露天掘り管理基金に配分	地質学や地質災害，エネルギー鉱物資源に関するマッピングや報告書作成，鉱山回復，石油資源開発関連，石炭資源開発関連財源
	白雲石，砂利，砂，石灰岩	2セント/トン	50％は露天掘り管理基金，7.5％は地質マッピング基金，42.5％は未回復土地基金	
	天然ガス	2.5セント/MCF	10％は地質マッピング基金，90％は石油天然ガス油井基金に配分	
	原油	10セント/バレル	10％は地質マッピング基金，90％は石油天然ガス油井基金に配分	
	塩	4セント/トン	15％は地質マッピング基金に，85％は未回復土地基金に配分	
	石炭	10セント/トン	80.94％は炭鉱基金，4.76％は地質マッピング基金，14.29％は未回復土地基金	
サウスダコタ	金	4ドル/オンス	80％は州の一般財源，20％は生産郡に配分	一般財源
	石炭，亜炭，石油，石油，天然ガス，ウラン，トリウム等のエネルギー用鉱物資源	総売上高の4.5％	50％は生産郡に，50％は州の一般財源に配分	エネルギーの製造開発に伴う負の社会的や物理的な影響を是正するための学校，道路財源

163

テネシー	石炭	75セント/トン	100％資源生産郡に配分	50％は郡の教育財源、50％は道路や河川の浄化財源
	砂、砂利、砂岩、チャート、石灰岩	～15セント/トン（詳細は各郡が決める）	100％資源生産郡に配分	郡の道路資金に充てられ、道路建設、維持、保守財源
テキサス	硫黄	1.03ドル/ロング・トン	25％は学校基金、75％州一般財源に配分	学校融資、州一般財源
	原油	総売上高の7.5％		
	天然ガス	総売上高の4.6％		
ユタ	原油、天然ガス	契約金額の5％	100％州	一般財源
	金属鉱	契約金額の2.6％	100％州	一般財源
バージニア	石炭	総売上高の1％	資源の生産郡に配分	一般財源
ウェストバージニア	石炭	露天：総売上高の5％（うち、0.35％は追加税）	4.65％は州に配分、0.35％は郡に配分。追加税の部分の75％は生産郡、25％は郡に配分	石炭採掘税郡配分基金、郡の経済発展やインフラ整備資金
		坑内（炭層37～47インチ）：販売額の2％	1.65％は州に配分、0.35％は郡に配分	
		坑内（炭層＜37インチ）：販売額の1％	0.65％は州に配分、0.35％は郡に配分	
	木材	1％	n/a	n/a
	廃棄石炭	販売額の2.50％	n/a	n/a
	メタンガス、石灰岩、砂岩、砂礫、砂、その他の資源	販売額の5％	n/a	n/a
	原油、天然ガス	総売上高の5％	10％は郡および市町村、90％は州に配分	n/a
	天然ガス追加採掘税	4.7セント/MCF	75％は生産郡、25％は郡に配分	石油と天然ガスの郡収益基金

注：1 MCF＝1000立方フィート，1トン＝2000ポンド，1ロング・トン＝2240ポンド，1ボード・フィート＝1フィート（縦）×1フィート（横）×1インチ（厚さ）
出所：US State Law（http://law.justia.com/），各州財政部門のホームページ掲載資料より作成。

第 8 章

中国鉱税の歴史的変遷

1. はじめに

　中国では，資源に対して課金する歴史は古くからあり，極めて長い。資源税の歴史を遡ると，夏王朝（約前21～前16世紀）の時代からあった山澤之賦[1]にたどり着く。山澤之賦という呼び方は，夏，殷・商から魏晋南北朝の劉宋王朝の時代（武帝劉裕363～422年）まで続いた。劉宋王朝以後，徐々に塩や茶，もしくは金・玉・錫・丹青（鉱物顔料）など具体的な鉱物名がつく鉱税，例えば金課（課は課税科目）や玉課などのような名称に変えられた。二千年以上続いた山澤之賦の呼び方はここで歴史から消えたのである。本章では，資源税の前身とも言える鉱税は，歴史の中でどのように変遷してきたかについて，先史（秦以前の夏，殷・商，西周，春秋・戦国）期，秦漢期，魏晋南北朝，唐宋遼金期，元明清期の五つの時期に分けて，その過程を簡約して遡ってみることにしたい。

1）いままでの発見で，中国で「税」の文字が公文書に記載された最も古いのは，『春秋左伝注』宣公15年（前594年）の「初税畝」という記述である。その後，「貢」，「賦」，「課」とも呼ばれているが，今でいう「税金」のようなニュアンスを帯びる言葉である（春秋左伝注「魯宣公15年」：758ページ，1990）。

2. 先史期の山澤之賦

今日にいう資源税の性格を帯びる山澤之賦が出現したのは、西周（約前11世紀～前771年）後半ごろであった[2]。『史記』貨殖列伝のなかで、司馬遷は『周書』の一節を引用して次のように述べる[3]。「農がなければ食が乏しく、工がなければ生業が乏しく、商がなければすなわち三宝が絶え、虞[4]がなければ財は乏しくなる。財が乏しくなれば、山沢は開拓されない。これぞ四民[5]の衣食する源である。源が大きければ多く、源が小さければ少ない」（史記巻一二九「貨殖列伝第六十九」：3255ページ）。当時の王朝はすでに経済社会における天然資源の役割に大いに注目したことが窺われる。西周後半では専門役所を設け、山、川、森、湖などから採取した産物を管理し、林業伐採、採鉱（金、銅、玉石、錫など）、狩猟（動物皮、角）、漁業、塩業などに対し、山澤之賦を徴収していた。これが中国における資源税の始まりである。

春秋戦国時代に入ると、山澤之賦は官山海と官天財の理論として、大きく進化を遂げた。官山海と官天財は、『管子』海王と『管子』山国軌という論集に収録された二つの政論である[6]。官山海及び官天財は、夏、殷・商から芽生えた山澤之賦の思想を継承しながら、春秋時代で最も勢力が大きかった斉国の宰相、管仲の財政理論を取り入れたものである。山海は塩と鉄を指し、天財は鉱物や森林、家畜などを指す。官山海及び官天財は、

---

2) 中国古代の王朝。周は西周時代と都の東遷以降、通常東周時代（前771～前249年）と呼ばれる二つの時代に分けられるが、東周時代はほぼ春秋戦国時代にあたる。
3) 『周書』は一説では周王朝初期、周公（生誕前1000年頃）が書き残した書物『尚書』のうちの一部である。
4) 虞は、山林沼澤の資源を指す。
5) 四民とは、農、工、商、虞のことである。
6) 管子とは春秋時代の名宰相である斉国宰相管仲（不詳～前645年）のことである。しかし、『管子』は、主に春秋戦国時代で斉の国の知識人達が書き集めた政論集を管子の名前を使って出された書物である。したがって、作者は管子一人ではなく、管子の生きた時期に書かれた書物でもない。現在の一般的な認識では、『管子』はほぼ春秋後半から戦国中頃にかけてまとめられたものである。

自給自足のできない万人が平等に必要とされる天然資源，とりわけ生活必需品の塩および鉄を専売[7]とし，山林川澤はすべて国が管掌し，利用者に対して課税することであり，これらによって中央財政を賄うものである，と説いている。のちに斉国以外に，晋国，楚国など，勢力の大きい諸国は次から次へとこの理論を採用した。官山海・官天財論は中国の最も古い資源関連の財政理論であり，中国経済・財政思想に大きな影響を与えた。近代まで数千年続いた歴史において，生活必需品である塩や鉄，また時代の変化とともに採掘や鋳造技術の進化によって現れた新たな鉱物に対して，歴代王朝は常に中央政府が専売，あるいは課税を通じて管掌してきたことも官山海・官天財論による影響である。本章では，後に歴史に現れた官営，官売も専売と同じ意味で使う。なお，官営，官売，専売は経営や販売方式ではなく，課税と同様に歴代中央政府の重要な財源調達手段として理解されなければならない。

3．秦漢期の『塩鉄論』

　戦国時代から秦にかけて，各国で塩鉄事業によって巨万の富を手に入れた人は数多くいた。そのため，各国では専門役所を設けて塩鉄税を課した。秦は諸国統一後，諸国の旧財政制度を一部援用し，塩と鉄の専門役職を設け，課税もしくは専売という厳しい管理体制を導入した。その背景には，諸国への統一戦争およびその後続く西域（匈奴）との戦争があり，軍事上鉄の需要は以前よりはるかに大きくなったことが挙げられる。秦の時代にはすでに千人規模以上の製鉄所があったという記録が残されている。塩鉄事業から得た利益は統一する前の旧六国の合計額より二十数倍も大きかった（漢書巻二十四「食貨志第四上」：1137ページ）。したがって，この時期から，資源のうち最も大事でかつ国の財政を大きく左右するものは鉄である，と認識されるようになった。この考えはのちの漢にも継承された。

---

[7] 専売とは，国が財政収入を増加させるために，特定物資の生産・流通・販売などを全面的に管理下に置いて，そこから発生する利益を独占する制度である。

5. 唐宋遼金期の鉱税の形成

　唐の初期には，採鉱業および鋳造業はすでに一定の規模に達していた。銀・銅・鉄・錫の鉱山数は168ヵ所以上あった（新唐書巻五四志第四四「食貨誌四」：1383ページ）。別の一説ではこの数量には課税対象外の鉱山は含まれていないので，実際はもっと多い（范文瀾・蔡美彪編 1954, 第3冊：310ページ）という。唐の太宗朝（在位626～649年），採鉱業および鋳造業は民間が経営し，中央政府は課税だけを行っていた。粛宗朝（在位756～762年）の時，権塩法（塩の権利法）が施行され，すべての塩産地では塩の生産販売を管理する塩院が設けられ，国の専売のもとに置かれた。塩専売から得られた税は重要な財政収入になった。徳宗朝（在位779～805年）に至ると，採鉱業への課税はすべて中央政府の塩鉄使が徴収していた。文宗朝（在位827～840年）の時，鉱物の採掘権を地方政府（州県）に授け，中央政府が課税を行い，年間の鉱税収入は七万余緡で，唐の時代の鉱物の生産規模を考えると，税収はあまりにも少なかった（新唐書巻五四志第四四「食貨誌四」，1383ページ）。

　宋の時代に入ると，鉱物の種類や生産量も唐の時代より著しく増えた。兵器製造業や造船業の発展，農耕技術や製鉄技術の革新に加え，周辺諸国との戦争などもあり，鉄は広範囲に使用されていたため，鉄の生産量の増加は目立っていた。鉱物課税は過去の歴代王朝より緩やかで，課税額も一定ではなく，場合によって現物納税もあった（宋史巻一八五志第一三八「食貨志下七坑冶」：4524-4529ページ）。

　銅銭は当時一般通貨として流通したため，銅鉱だけは国の官営体制に置かれ，民間の参入は禁じていたが，ほかの鉱業は一部官営で，それ以外民営がほとんどであった。民営鉱山の場合は，政府に権利金を納めて採掘権を得て，その生産の幾割かを政府に公定価で売り渡すものである（宮崎 1995：64ページ）。神宗朝（在位1067～1085年）の時，政府は官営鉱山の数を減らし，盛んになった鉱山民営の仕組みを全国にまで広げた。鉄鉱産物

に対して，20%は官が租税として採掘に従事する坑冶戸から徴収し，残りの80%は政府が買上げる（文献通考巻十八「征権考五」坑冶）。これは，当時の主流の鉱物課税方式「二八抽分」である。

同時代には，北方の遼国や金国などにおいても，鉱山が探査されたため，鉱物の専売や課税制度などが導入された[11]。遼国では，金・銀・銅・鉄を専売対象とし，遼宋の国境に権場と呼ばれる専売の場所を決め，そこで両国が専売鉱物の取引を監督し，課税をしていた。また，金国ではミョウバンやスズ，鉄，辰砂などの十数種類の鉱物の専売制をとり，その他の金，銀鉱などの経営に対してはわりと緩やかであったため，民間鉱業の発展は著しかった。鉱税についても途中に変化があったものの，基本的には宋と同じく「二八抽分」を適用していた。

宋の時期，もう一つの変化は石炭の普及である。練炭技術が発明され，石炭が燃料として使われはじめたのは唐の末ごろだったが，それから百年後の北宋の時に入るとすでに首都の開封では一般家庭にまで浸透したため，石炭の販売は生業としても成立つようになった。同時に，石炭は一般家庭での使用に留まらず，鉄の精練や鋳造，製陶業などの工業生産にも利用されていた。しかし，石炭への課税はほかの鉱物とは異なり，竹木などと同じような取り扱いがされていた。すなわち，石炭の採掘については規制することはないが，商品として市場に搬入される際に課税を行った。当時国内最も大きな市場である首都開封に石炭を搬入する際に，城門に設置されていた炭場また税炭場と呼ばれる場所で課税されていた（宮崎 1995：53ページ）。

6. 元明清期の鉱税

元王朝に入って，鉱物の種類は主に金・銀・銅・鉄・鉛・スズ・玉石などであり，宋の時代とほぼ変わらなかった。そのうち，採掘量がもっとも

---

11) 現在，中国の遼寧省鞍山市にある鞍山鉄鉱山も遼の時代にすでに現れていた（范文瀾・蔡美彪編，1954，第6冊，110ページ）。

多かったのは鉄であった。当時の鉱物管理政策は，緩和と禁止が交互し，非常に不安定なものであった。鉱物のなか金・銀・玉石はすべて朝廷に上納され，一般金属の銅・鉄・鉛・スズは市場で売買されていた。元時代の鉱物の課税対象になっていたのは，上記以外に水銀・辰砂・竹・木・炭酸ナトリウムもあった。鉱物への課税は，被征服周辺諸国からの朝貢の延長線にあったようなもので，税率が一定ではなかったため，税収も少なかった。

元初期，金・銀・鉄鉱は官営が主だったが，その後徐々に民間への払下げを経て，最終的に完全に民営化され，国は税金だけを徴収するという官民の役割分担になっていた。そのうち，金鉱に対する課税方法は，定額式と歩合式の二通りあり，定額式は毎年に一定の額を納める方式である[12]。歩合式は，採掘量や採掘額に応じて一定割合の税金を納める方式である[13]。また，銀鉱の課税方式について，政府は銀産地で労働者を集め採掘を行わせるケースもあるが，完全に一般民間に払下げして民営化させ徴税することもあった[14]。鉄鉱事業については，官営と民営の両方が存在するが，鉄の産地が全国に広く分布しており，全国一律の税率ではないが，生産量が大きく税収も多かった。天歴元年（1330年）の統計では，鉄鉱の年間現物納税額は88万4543斤，現金納税総額は1879錠38両にのぼった。内訳では，江蘇と浙江は最も多く，続いては江西，湖（北・南）広（東・西），河南，陝西，雲南であった。金・銀・鉄以外の鉱産物については，辰砂，水銀，ミョウバン石とスズがあり，辰砂・水銀鉱は主に民営化されており，政府が課税するという形で管理をしていた。潭州安化県では辰砂80両，水銀50両の納税額があった。沅州五寨の地方では，毎年課税した辰砂項目が1500両，水銀項目が2240両と記載されていた。ミョウバンに関しては，至元十

---

12) 至元十年（1273年），李德仁が遼陽龍山県胡碧峪で金を採掘し，毎年金三両を納めていた（元史巻九四志第四十三「食貨二」歳課，2379ページ）。
13) 上都，雲州，興和，宣徳，蔚州，奉聖州，鶏鳴山，房山，黄芦，三叉の金銀官営鉱山を民営化させ，毎年政府に30％の税金を課していた（元史巻二十八英宗二： 627ページ）。
14) 河南省では，延祐三年，李允直は羅山県の銀鉱を請負い，毎年銀三錠を納めていた。四年，李珪らが包霍丘県豹子崖銀鉱を請負，銀三十錠で鉱山を入手し，毎年政府に30％の税金を支払っていた（元史巻九四志第四十三「食貨二」歳課： 2380ページ）。

八年 (1281年) に潭州・瀏陽・永興地域で採れたミョウバン石に対し，20％の税率で10斤のうち2斤を納税していた。また，至元二十四年 (1287年)，河南地方の無為路という場所で設立したミョウバン石の課税役所では，ミョウバン石の税率は三十斤ごとに5両銀である。この地域では，最初のごろ，ミョウバン石鉱からの年間税収額は106錠に過ぎなかったが，のちに2400錠まで増えた[15]。スズについては，その取引は官の厳しい監査のもとで行われており，至元八年 (1271年) に，錫100斤に対して政府は300文を課税していた (元史巻九四志第四十三「食貨二」歳課：2381-2382ページ)。

明王朝に入ると，金・銀・銅・鉄・鉛・水銀・辰砂などに加え，鉱石顔料類や宝石なども課税対象に加わった。明の初期は，採掘費用が高かったため，鉱物の開発に対して積極的ではなかった。金銀の採掘はほとんど官営されており，ごく一部の民営があっても課税は相当重かった。鉄に対する課税率は三十分の二で，実物納税方式が採られていた (明史巻八十一志第五十七「食貨五」：1973ページ)。明の初期には，製鉄の規模が大きい，十三の製鉄所が全国にあった。それらは江西，湖広，山東，広東，陝西，山西，河南，四川に分布しており，毎年政府に鉄1847万斤余りを上納した。洪武二十八年 (1395年) 以降，民間の採掘や製鉄が徐々に認められるようになった。永楽朝 (在位1402〜1424年) の時には，建設されたなかで最も大きかった遵化製鉄所で働いていた人は二千名を超えていた (明史巻八十一志第五十七「食貨五」：1973ページ)。1414年，鉄の年間税収額は55万5267斤であった。課税率の三十分の二で計算すると，この年の鉄生産高は832万9000斤もあった。山西省は当時製鉄業がもっとも盛んでいたところで，洪武朝 (在位1368〜1398年) 初期，一省の年間鉄課の税収総額は114万6917斤であった。しかし，百年後の天順五年 (1461年) になると，山西陽城一箇所の製鉄所だけで毎年の税収額が50〜60万斤にのぼり，当時の課税率三十分の二で計算すると，ここだけで年間の製鉄高は750万斤から900万斤になっていた。明初期の洪武朝期と比べれば7〜8倍に伸びた計算になる。

---

15) 元の時代の通貨単位は，1両銀＝銭1000文，5両銀＝小錠，10両銀＝大錠。ここでの錠は小錠を指す。

その背景には，洪武朝後期，民間製鉄業は徐々に規制緩和され，製鉄産業が大きく発展した。福建蒲城や広東海南，山西陽城，遼東本渓[16]が大規模な民営製鉄所に成長した（明会典巻百九十四「冶課」）。

鉄以外の銀，銅，鉛は明時代の貨幣原材料だったため，採掘鋳造は政府の厳しいチェック体制のもとで行われていった。また，明の初期は税率が低く，その後徐々に引き上がられていた。たとえば，銅鉱は江西徳興・鉛山の二県にそれぞれ鉱山があり，宣宗朝（在位1425～1435年）時，年間銅生産量は50万斤余りあった（明宣宗実録巻四十七）。また鉛鉱については，山東に鉱山があり，明初期の洪武朝では，鉛の採掘高は32万3400斤あまりあった（続文献通考巻二十三）。銀鉱の採掘鋳造はすべて政府が独占していた。銅・鉛鉱より以上に体制が厳しかった。洪武朝の時，福建・浙江の銀鉱の年間税収総額はそれぞれ2600両，2800両であったが，60年後の宣宗朝の時になると，それぞれ4万両と8万7000両余りと，十数倍ないし数十倍まで伸びた。

清朝の鉱税は，明朝よりさらに詳細に分かれる。税目は金，銀，銅，鉄，鉛，スズ，水銀，辰砂，鶏冠石などがある。清の初期では，鉱物の採掘に対して非常に慎重で，推進令と禁止令を数回繰り返した。順治朝（在位1644～1661年）初期，官営もしくは八旗経営（満州籍の官僚が経営）により山東臨朐，招遠で銀鉱を採掘させていたが，順治八年にすべて閉鎖した（范文瀾・蔡美彪編 1954, 第九冊：304ページ）。康熙朝（在位1661～1722年）初期，官営より山西応州，陝西臨潼，山東莱陽で銀鉱の採掘が行われていたが，康熙二十二年（1683年）に再びすべてを閉鎖した（清史稿巻一二四「食貨五」：3664ページ）。この背景には，清初以来政府は鉱物採掘を積極的に推し進めていなかったことで，一時貨幣材の銀や銅，鉛が不足していたと考えられる。そのため，康熙朝十八年（1679年）には，銭法十二ヵ条が公布され，銅鉛だけは民間より採掘が許されるようになった（清実録「聖主皇帝康熙実録巻八十五」康熙十八年十月戸部等衙門会議銭法十二ヵ条）。各地方政府の

16）遼東本渓製鉄所はいまも続いている「本渓鋼鉄集団」の前身とも言われる。

監督のもと，課税率は二割で進められたが，民間参加はそれほど熱意がなく，一時採掘者に非課税の時期もあった（清実録「聖主皇帝康熙実録巻百十六」康熙二十三年九月九卿等議覆管理銭法侍朗陳廷敬等）。康熙朝二十年（1681年）三藩の乱[17]を経て王朝支配は確立した後，康熙帝は民間による鉱物採掘を奨励した。翌年雲南の銅鉱採掘開始をきっかけに，各省での鉱物採掘を積極的に開始した。康熙朝二十三年（1684年）には全国の大型採掘業者はわずか9者だったが，翌年には29者，康熙朝五十一年には，66者まで増えた（范文瀾・蔡美彪編 第九冊，1954：305ページ）。この間，康熙朝四十三年には，これ以上採掘を許可することは，各地方行政に過剰な負担を掛けてしまうという理由で，鉱物採掘申請を許可しないことになった（中国人民大学清史研究所編 1983，上冊：68ページ）。

　清初期では鉱業採掘禁止のため鉱税は少なく，財政に占める割合が低かったため，歳入の雑賦（雑税）の部に計上されていた。康熙朝二十年以降，鉱物採掘奨励により鉱業税は初期に比べ大幅な伸びを見せたものの，依然として金額が少なかった。康熙朝二十四年（1695年），鉱税収入があったのは雲南，貴州，湖広の三省しかなく，税収は銀2339両で，雑賦のわずか0.35%であった。当時，鉱物採掘規模の最も大きい雲南にしても，金・銀・銅・鉄からの総税収はわずか905両強であった（清会典巻五「戸部十九課程四」雑賦）。数十年後の雍正朝（1722～1735年）後半に入って，雲南で銅，銀，鉛などの三十ヵ所余りの鉱山が新設され，年間鉱税は金課金74.8両，銀・スズ・辰砂・白銅課は銀7万783両，銅課は銀1万825両，鉛課は約銀5000両（鉛の時価を銀に換算）であった。合計額は銀にして約9万両強であった（雍正雲南通志巻十一課程厰課）。それだけではなく，雍正朝五年，雲南貴州総督の上奏文によれば，この頃，銅以外の他の鉱税収入と合計すれば，雲南の鉱税収入は年間銀26万両を超えた（雍正朝漢文朱批奏折匯（12）1991：516-517ページ）。さらに，貴州では鉛鉱も盛んになっており，貴州布政司の上奏文によれば，同じ雍正朝十二年ごろ，貴州の年間鉱

17）1673年から1681年に起こった漢人武将による反乱である。三藩とは雲南の呉三桂，広東の尚之信，福建の耿精忠である。

物課収入は約銀20万両前後であり，雲南と貴州両地だけで銀50万両弱に至った（雍正朝漢文朱批奏折匯（25）：823ページ）。

さらに，後の乾隆朝（在位1735〜1795年）では，雲南と貴州の銅鉛課税額は好調に続いており，この影響で広東，四川，陝西，甘粛なども徐々に鉱物採掘を解禁し，全国鉱業の隆盛時に入った。最高時には，鉱物採掘量は雍正朝より2.5倍も伸び，鉱税収入は年間約銀100万両に達した。鉱税は王朝を支える一大税種になっていた。

清朝における主な鉱税の課税対象は金鉱，銀鉱，銅鉱，鉄鉱および鉛鉱である。うち，最も税収が多かったのは銅と鉛であった。当時の課税方式は主に「二八抽課」であり，それに「一九抽課」および「三七抽課」も臨時調整目的として使われていた。

「二八抽課」は，康熙十四年「開採銅鉛之例」が頒布され，政府は銅，鉛の鉱物に対して二割を鉱税として徴収し，残りの八割は民間自由販売に任せる方式である（清朝文献通考巻三〇「征榷考五」）。ところが，実質のところでは，残りの八割すべてが民間の自由販売できるわけではなく，政府が官営価格でさらに半分（つまり四割）を買取し，最後に残った四割だけは市場での自由売買を許していた。この「二八抽課」は清朝でもっとも広く使われ，長く続いた課税方式である。

「一九抽課」とは，銅，鉛の鉱物に対して政府が一割を鉱税として徴収し，残りは官営価格で全部買取するか，あるいは半分を買取り，残りは市場で自由売買される課税方式である。主に道光朝（在位1820〜1850年）に貴州の鉛採掘を奨励するために使われた課税方式である（清実録「大清宣宗（道光）皇帝実録」巻百四十八）。

「三七抽課」は，政府が鉱物の三割を鉱税として徴収し，残りは市場で自由売買される課税方式である（清実録「大清高宗純（乾隆）皇帝実録」巻三十二）。

この三種類の課税方式のほかにも，康熙朝四十四年，官営雲南各銅鉱では，採掘された銅を百斤毎に銀5両（あるは3両か4両）で政府が買取り，残った分は市場での自由売買可能であるが，その量は総量の1割以下で，

かつ販売収入は銀に換算して100両ごとに15両（または12両か13両）を税として政府に納めなければならない，という記録も残っている。

小括

　本章の冒頭で引用した司馬遷の『史記』貨殖列伝に有名な一節「虞がなければ財は乏しくなる」があったが，この言葉は司馬遷自らの言葉ではなく，司馬遷の時代よりはるか昔前にあった『周書』を引用したのである。山林沼澤から採れる資源は生活財にとってきわめて重要であることは，物資の乏しかった古代からすでに説かれていた。

　見てきたように，中国では先史期から鉱物は「自然の恵みを利用し人間生活の営みに欠かせない消費財」である，という認識は一貫していた。これまでの数千年間，王朝の移り変わりがあったとして，また，領土や民族構成の変化があったとして，各王朝の有識者が採用した鉱物に対する主たる課税方式は専売であった。そのような選択は，決して偶然ではなく，きっと古代中国に合っていたのではなかろうか。

　かつて輝かしき文明を人類史に残した古代ギリシア，ローマ，西アジアやメソポタミアなどの地では，都市文明の発達で資源の無理な開発を誘発し，さらに戦争，疫病，異常気候などが加わり，衰退の一途をたどった。一方，紀元前21世紀ごろから徐々に栄えはじめた東アジアの夏王朝から続いた中国文明は，当初から資源の開発に対して異なる進化を見せていた。それこそ王朝による管理だったである。当初の目的はもちろん自然保護ではなかったが，この管理の過程がのちに現れた古代中国の経済思想に大いに意味を持つことは，当時はまだ誰しも知る由はなかった。

　夏王朝から数えてさらに1500年ほど経ち，春秋・戦国時代に入ると，この経済思想は同じ時期に現れた政治思想と相まって，中国的なものと言っていいほど，根底となる「大一統」思想が芽生え始めた。「大一統」思想は中国文明の遺伝子と言っても過言ではない。「大一統」は中国の政治や経済など，社会の至る分野につねに強いかつ安定的な継続力が求められる，

言い換えると「強い持続的な統制力」が必要というものなのである。この統制力が少しでも弱くなると，次の新しい「大一統」を求められ，取って代わろうとする動きが現れ，いわゆる易姓革命が起こる。

「大一統」思想は春秋時代から芽生え始めたが，中国人が春秋戦国時代より遥か以前に繰り返しされていた耐え難き戦争や混乱から脱出したいという強い願望から生まれた，むしろ選ばれた政治的知恵なのである。

中国経済思想の系譜を語るに避けて通れないものは，前出した『管子』と『塩鉄論』である。根底となるものは国家（もしくは王朝）による経済への干渉だった。つまり，本章のキーワード「専売」である。まさしく「大一統」思想に基づいたものであるから，各王朝時代が基本的に継承してきた。もちろん時代の変化にも配慮して，場合によって民営もあった。この「専売」と「民営」は，いま現代中国経済用語のキーワードで言い換えると「収」（集権による引き締め）と「放」（分権による緩和）と照し合せられるものがある。

さて，先の問いかけに戻ってみよう。なぜ中国各時代の有識者が，鉱物資源への課税方式を専売にしたのか。前述したとおり，漢の武帝朝に起きた塩鉄の大論争は，①塩鉄の経営権，②酒の経営権，③均輸，④平準，が発端であったが，議論の末，塩鉄専売が継承されたまま幕を引いた。以来，塩鉄専売はほぼ中国歴代の資源類製品の経営の基本方針となった。塩鉄専売は，民衆への課税を軽減する一方，国の用度としての財政が確保される「民は賦（課税）を益さずにして天下の用度は豊富になる」（史記巻三十「平準書第八」：1441ページ）。もちろん，ある指摘は，「ただ政府のいうところでは，（塩鉄の）専売の一つの目的は，人民の困窮を救うという社会政策的な政策にもあることを標榜しているが，それはどこまで真実として認むべきかは疑問の存するところである」（佐伯 1987：40ページ）を考えると，やはり塩鉄専売の主たる目的は「国の用度としての財政が確保される」ことにあろう。

考えてみると，前202年にできた漢王朝の領土は秦の始皇帝が諸国統一した初期にあった36郡の領土に対し，すでに103の郡があり，3倍近く増

えた。領土が広いため，各地方の特産品を，都だった長安へ運送するのにかなり不便が生じた。ここで新たに二つの問題が現れた。つまり，①領土が広い，特産品の運送が不便である，②各地特産品が異なるため，どこに何を運送するか，である。この二つの問題を解決するには，統括的な調整役としての中央集権的政府が必要となる。

　したがって，専売のもとでは，「大一統」という中央集権的政府が「統括的な調整役」として，「自給自足のできない万人が平等に必要される天然資源に対し，民衆への課税を軽減しながら，国の用度としての財政を確保する」ことができる。結果，民衆から憎まれることもなく，反乱や革命が起こりにくくなる。これは専売が歴代王朝によって継承されてきた根本的な原因である。もちろん，王朝によってその時の国内社会，経済状況に応じて，専売方式を時々緩和して民間経営を奨励する時期もある。その時は，採掘に従事する採掘者に対して，鉱産物の課税あるいは収買（すなわち買上げ）とのやり方をとっていた。課税は現物課税あれば，貨幣課税もある。

　こうみると，鉱物資源に対する課税方式について，歴代中国では専売と民営が存在し，交互に現れるが，どちらかというと専売のほうが主な形である。専売の歴史的な役割は，あくまで国（王朝）の財政確保であった。ただし，長い時代に続いていた専売による副次的な効果もあった。それは，鉱物資源の採掘を簡単に民営化させなかったため，資源の乱開発を防ぐことができたことである。

終章

結論と展望

　本書の冒頭で述べたように，資源利用システムのパラダイムシフトは，上流段階での資源の投入と下流段階での環境への排出の両面を考慮した経済学的検討と政策の立案，検証が不可欠である。上流段階の資源の採掘時点における課税こそが資源の開発利用に根本的な影響を与え，パラダイムシフトに大きく作用する。その根拠について遡れば，アダム・スミスの「諸商品の自然価格」の議論にまで辿り着く。資源に対する課税は古典的な議論の一つである（第1章）。しかし，租税のあり方は，国家のあり方をどう捉えるかと切り離して議論することはできない。この観点からすると，アダム・スミスから始まる地代論にしても，ホテリングの枯渇性資源の経済理論にしても，ピグーの外部不経済の内部化理論にしても，すべて資本主義国家の経済システムを前提に置いたものである。つまり，私有財産制度が保障されたもとで，生産されたものは自由に市場を通じて，必要とされるところへ配分される。国家は市場に対して最低限の介入を行えばよいとされている。

　本書で資源利用システムのパラダイムシフトの糸口として注目したのは，社会主義国家である中国の資源税である。資源税の導入の背景，そして計画経済から市場経済への移行に伴う制度の変遷を詳しくみていくと，その政策目的は常に政治体制や経済状況によって変化してきたことがわかる。資源税が導入された当初は，計画経済から市場経済へと移行しはじめ

表終-1 鉱物資源採掘業における国有企業のシェア（2012年）

産業別	企業数	（％）	総資産（億元）	（％）	流動資産（億元）	（％）	固定資産（億元）	（％）
石炭採掘	976	(12.4)	31,443.48	(70.2)	11,500.66	(61.8)	15,665.42	(77.0)
原油・天然ガス採掘	71	(53.0)	16,625.04	(94.5)	2,821.03	(97.1)	19,381.07	(95.4)
鉄金属採掘	159	(4.6)	3,963.42	(48.5)	1,288.69	(39.3)	1,238.98	(38.1)
非鉄金属採掘	269	(13.0)	1,818.16	(43.7)	650.07	(38.7)	798.09	(41.5)
その他の非金属採掘	186	(5.5)	834.92	(31.8)	328.37	(30.6)	336.08	(23.2)
採掘補助業	35	(22.0)	2,237.17	(88.0)	1,188.02	(90.5)	1,260.67	(84.2)
その他の採掘業	1	(4.8)	1.92	(14.5)	0.50	(12.3)	0.78	(5.6)

注：集計対象は全国規模以上工業企業（売上高2000万元以上）である。
出所：『中国統計年鑑』（2013年版）より作成。

たばかりの時期にあたり，国有企業間の利潤率を調整し，法人間の競争条件を平等にすることによって，国家と企業，企業と企業の間の利害を調整することが制度の主な目的であった。その後，社会主義市場経済への移行に伴い，とりわけ，分税制以降，中央への税源集中によって，地方の財源が減少したなか，資源税は地域間の財政調整の役割を一部担わせる租税になってきていた（第3章）。近年資源開発による環境破壊が目立つなか，2011年の資源税改革を通じて，中国の資源税は市場メカニズムを活かした政策課税の性格がより鮮明になった。本書の第4章と第5章の実証分析を通じて，新しい資源税制度は，資源単位あたりの税負担を上昇させ，資源の採掘量を抑制するのに一定の効果があったことを明らかにした。このように経済状況に応じて政策を調整し，実施できたのは，さまざまな規制や介入を行ってきた強い一元的統制体制があったからである。

今日中国の鉱物資源開発に対する行政管理は国土資源部を頂点とする中央による一元的統制体制が維持されていることに加え，市場経済の深化に伴い，原油や天然ガス，石炭の採掘産業は依然として国の絶対的支配下に置かれている。表終-1が示すように，原油や天然ガス，石炭の採掘産業では，国有企業は非常に高いシェアを占めており，国家資本によって重点的に支配されている分野であることがわかる。この点については，2001年

11月に国家経済貿易委員会が公布した「第10次5カ年計画工業構造調整計画綱要」(『十・五』工業結構調整規劃綱要)(国経貿行業 2001： 第1125号文書)では，「公共財，公共サービス並びに自然独占の分野は引き続き国家資本が支配する。電力，熱供給，水道事業，ガス，木材伐採・運搬，陸上原油・天然ガス，貴金属やレアアース，レアメタル鉱の採掘などは国家資本が重点企業を支配する。たばこと食塩の生産と卸売は国家専売を続ける」と明記されており，2006年12月に国有資産監督管理委員会が公表した「国家資本調整及び国有企業再編の推進に関する指導意見」(関于推進国有資本調整和国有企業重組的指導意見)(国弁発 2006： 第97号文書)では，鉱物資源関連業種を国家安全に関わる業種として挙げ，国家資本が支配すべき分野であると，鉱物資源開発産業における国の絶対的支配の方針を示している(徐 涛 2014： 45ページ)。

　このような一元的統制体制であるため，必要で適切な措置をいつでも取ることができる。これまでの中国において公害問題が発生する要因を分析した際に，先行研究ではそれが計画の失敗に起因するものであると捉えていた。つまり，科学的に計画的に取り決めた優先順位によって資源を適切に配分する完全な計画経済体系はユートピア的な空論であり，現実には，体制内部の生産第一主義という計画の失敗によって，外部不経済の是正機能を果たせず，公害問題を引き起こしてしまう，という主張である(王金南 1997： 9-10ページ)。しかし，中国の歴史において環境管理を意識することはそれほどなかったが，資源を管理する重要性はすでに夏王朝の時代から認識されており，資源管理に関する多くの知恵が蓄積されていた(第8章)。国務院がいち早く2007年に「資源型都市の持続可能な発展を促すための若干の意見」を発表し，資源枯渇型都市の選定および産業構造転換の方針を明らかにしていることも一元的統制体制であるこそ，素早く取り組めたのである。

　しかしながら，なぜ地域の現場では資源開発による環境問題が発生しているのか，なぜこれらの地域では資源が枯渇するのであろうか。これは資源税制度そのものに起因するのではなく，経済成長優先の地域政府業績観

並びに政府間関係，とりわけ，省以下の地方政府における資源開発管理の事務権限と財務権限の非対称性による問題であると考える。前者については，科学的発展観やグリーンGDP理念を打ち出した中国では，地方官僚に対する評価の指標に経済成長，税収の増加といった経済成長関連指標のみならず，「一票否決制」[1]のような環境や社会の安定維持などの指標も導入された。しかし，環境面の成績が悪いために更迭される人事は，一部地域では試験的に行われたものの，全国的な制度としては実際には機能していない[2]。基本的には，GDP成長率や財政収入，資本誘致などが依然として地方政府業績の評価基準となっている。その結果，地方政府は資源開発に伴う経済成長を追求し，環境対策を後回しにしていた。

省以下の地方政府における資源開発管理の事務権限と財務権限の非対称性については，第6章と第7章では，鉱物資源からの税収を中央に配分すべきか，それとも地方に配分すべきかの議論を行った。規範的な財政理論に基づけば，天然資源は偏在性があり，不確実性があるため，地方税には適しない。中央政府は国税として鉱物資源に課税し，その税収を垂直的または水平的な財政調整を通じて政府間で再配分され，それぞれの政府レベルが提供する公的サービスの財源として共有されるべきである。しかし，中国のみならず，アメリカやカナダ，日本も天然資源からの税収をすべて地方や州，自治体に配分している。つまり，各国で採用している鉱物資源税制度は政府間の課税権限，税源の配分について，必ずしも規範的な財政理論で望ましいとされている財政構造に基づいて，決めているわけではない。また，地域的に偏在の著しい天然資源からの税収による地域間の財政力格差について，財政調整を通じて是正すべきとされているが，カナダの場合，天然資源収入を含めた税収の再配分は，逆にカナダの政府間関係の安定化に影を落としているともいえる[3]。価格が常に変動し，地域的に偏

---

1)「一票否決制」とは，幹部の業績評価に際し，省エネ・汚染排出削減目標が達成できなければ，その他の指標（たとえば経済発展）の成果に関わらず失格と見なすことである。
2)「一部地域における官僚『一票否決』制の濫用の指摘」（部分地区被指濫用官員『一票否決』制）（「新京報」2013年11月4日，A15版）

在する天然資源からの税収を地域間で公平に調整することは至難のわざである。

　地方政府における資源開発管理の事務権限と財務権限の非対称性問題は分税制の問題でもある。今日，中央と省との間では，資源税収入をそのまま地方政府の収入として配分していることは，たまたま資源が豊富に有する地域は財政基盤が脆弱な地域で，税源の移譲が必要とされる地域に税収が配分されていることから，うまく機能していると評価できる。しかし，省と省以下，とりわけ，県以下の資源税の配分の枠組みが存在していない。郷財県管の改革が行われたものの，結局財政権が上へ集中するのに対して，事務権限は下へ転嫁する傾向が顕在化している。

　また，資源税はあくまで共有税であって，地方税ではないことを見逃してはならない。共有税については，中央と地方の配分比率は中央政府が適宜変更することができると法律で定められている。言い換えれば，中央政府に帰属する租税のなかで，一部地方にシェアさせているのに過ぎず，中央政府はその税源を必要とすれば，地方の留保分を取り上げることができ，中央政府にとって都合のいい税種である。たとえば，証券取引税の場合には，当初税収は中央50％，地方50％で分与されていたが，1997年より中央80％，地方20％へ，2003年には中央98％，地方2％へと変わった。また，共有税でなくても中央政府が税源を増やそうと思えば，地方税を共有税に変えることもできる。2012年より地方税である営業税を共有税の増値税に統合する実験が開始され，翌年全国範囲まで拡大した。もし営業税が共有税に変われば，共有税が国の税収総額に占める割合は約70％に達するとも言われている[4]。つまり，分税制が実施されたとはいえ，中央と地方の財政関係が単一の階層構造のなかの上部機構と下部機構として構成され

3）カナダの連邦政府は，州税・地方税について人口1人当たりの財源調達力が一定の基準額に達しない州に対して，その基準額との差に人口を乗じた額の「平衡交付金」を交付し，準州に対して，財政需要と課税力との差額を補塡する「準州交付金」を交付している。しかし，天然資源からの採掘権料や税収などの収入を財政調整の対象に含めるかどうか，「持てる」州と「持たざる」州，そして天然資源の多い州と少ない州で利害が対立しやすい（池上 2008，2010）。

ている。これはこれまでの長い専制国家の歴史のなかで，中国の財政は中央財政と地方財政の区分が存在せず，租税の収入と支出はすべて中央の一大系統の下に運営されていたためである。これらの諸要因から，地方の財政が悪化し，環境対策を行いたくても，行う財源がない状況に陥っている。

以上を踏まえるならば，中国資源税の今後の改革方向としては，まず，事務権限に適う財政権限の再調整を行い，基礎財政力を強化することで，現場での環境や資源の保護が強化されると考えられる。あるいは，資源税を目的税として地域間または地域内の財政力格差の是正，現場での環境や資源保護の強化のための特定財源にすることも考えられる。また，専項移転交付を通じて環境悪化，資源枯渇が深刻な地方政府に対する財源統制を行っていけば，環境改善および資源保護にも大きく寄与すると考えられる。例えば1999年から始められた「退耕還林」プロジェクトは，多くの問題が依然として存在することは認めなければならないが，2000年から2010年にかけて毎年299.68万ヘクタールのスピードで森林が増えたことは事実であり，世界レベルからみても，中国は森林が最も増えている国なのである。この「退耕還林」の事例から明らかなように，中央政府が積極的にある政策に取り組めば，その結果は大きく変わる（徐一睿 2014： 185ページ）。

実際，2008年以降で，中国政府はすでに約900億元もの財政移転交付を行い，前述の69の資源枯渇都市（地区）における産業構造のモデル転換を促してきた。また，2013年11月に「全国資源型都市の持続可能な発展の計画（2013-2020年）」（全国資源型城市可持続発展規劃）（国発 2013： 第45号文書）を発表し，2020年までの資源の安全供給および経済の安定成長を確保すると同時に，生態環境の保護を目標として打ち出した。同計画では，262もの資源型都市を指定したうえ，持続可能な発展に向けた実力と資源状況に基づいて，成長型，成熟型，衰退型，再生型の四タイプに分類され，それぞれの成長やモデル転換の方向，政府の財政支出方針が示されている。この計画は経済および資源，環境を包括した中国の持続可能な発展の実現

4）張忠任（2014）「中国における政府間財政関係の変容と問題点」，日本財政学会第71回大会

の試金石になるに違いない。

　中国の鉱物資源管理体制として採用されているこの「一元的統制体制」は，市場メカニズムを発揮させながら，強い規制や介入を行うことで，鉱物資源を計画的に開発し，強くかつ安定的で継続的な経済成長を実現させるためのものである。これは，まさに中国「大一統」思想の表れであろう。しかし，現行の「一元的統制体制」下では，事務権限と財政権限との非対称性問題や基層鉱物資源管理部門の執行力の問題など多くの課題が存在することは認めなければならない。それだけではなく，このような強力な集権的な統制体制では，鉱物資源の開発利用に伴う市場の失敗と政府の失敗を絶対引き起こさないことを保証できるものはどこにもない。鉱物資源の開発利用は，生態系の撹乱や環境汚染，資源枯渇，地域（民族）紛争など様々な問題を引き起こす。その最適な管理を実現するには，対象となる鉱物だけではなく，関連自然資源や生態，環境との調和のとれた総合的なアプローチが不可欠である。また，資源の開発利用を巡って，中央政府や地方政府，企業，消費者，地域住民など多くの利害関係者が存在するため，資源の開発利用および保護に関する意思決定に当たっては，様々な利害関係者の参加を確保すべきである。その前提として，政府は意思決定のためには関連情報を収集し，情報提供に努めなければならない。このような統合的アプローチと利害関係者の参画を確保できる鉱物資源管理体制の構築は，今後中国の「一元的統制体制」改革の方向である。もしそれが実現されれば，上記の課題が改善あるいは解決でき，国の資源利用のパラダイムシフト，そして持続可能な発展の実現にも資するのであろう。ローマ・クラブの『成長の限界——人類の危機レポート』の「成長から世界的な均衡への移行」では，望ましい持続性のある世界的な均衡状態への移行を扱うには多くの情報が必要である，と指摘している。つまり，世界のいずれかの国・地域で計画的に均衡状態への移行が行われれば，情報やノウハウが蓄積され，世界レベルの体系的なモデルの構築に資する。そういう意味では，中国現行の「大一統」思想に源泉をもつ「一元的統制体制」において，均衡状態への移行が実現されるか，実現できたとして移行が成功するため

の条件が何か，これから大いに注目していきたい。

あとがき

　資源税とは，その名の通り資源に課される税のことである。石油・石炭などの化石燃料のような，人々の生産・消費活動に不可欠な再生不能資源の持続可能な利用に関わる重要な経済手段である。また，再生不能資源の開発利用が大気，水質，土壌汚染など，周囲の環境に大きな負荷を与えているだけではなく，温暖化，異常気象などの地球規模の問題までもたらしている。川上の資源採掘に課される資源税はこういった外部不経済を内部化し，資源利用システムの転換を促す有効な政策手段でもある。資源税は，その研究は現代的な意義の大きさにもかかわらず，これまで必ずしも十分な関心を集めてこなかったテーマである。

　筆者が資源税に関心を持つようになったきっかけは，2011年9月に中国内陸部の陝西省楡林市神木県で現地調査を行ったときのことであった。神木県は陝西省の北部，黄土高原の中心に位置する。北部は砂漠と草原の交錯地帯，中部は丘陵地帯，溝壑地帯に属し，生態環境が極めて脆弱な地域である。しかし，当時，神木県は空前の石炭ブームに沸いていた。街の随所に炭鉱や選炭工場の看板が見られ，大規模な露天掘り炭鉱から外へ石炭を運ぶガンダムのようなトラックの列が龍のごとく絶えず何十キロも続き，周囲の田舎町では，まるで中東のような都市開発が進んでいる街の風景に圧倒された。現地の担当者の話を聞くと，神木県の炭鉱産業の成長で，県民に無料で医療や教育サービスを提供しており，毎年数億元を投入して植林や砂漠緑化事業を実施し，生態環境の改善を実現し，持続可能な発展を目指している。このような雰囲気のなかで，経済学や財政学の観点からみて石炭という枯渇性資源の開発をベースにするこのモデルを実現することが本当に可能なのか，と考えるようになり，資源問題に徐々に関心を持つようになった。そして，学部と修士課程の時に培ってきた環境税の研究

手法を活かして，資源税の研究をはじめたわけである。しかしながら，冒頭にも触れたように，資源税研究は日本国内では関心の高いテーマではないため，いざ研究しようと思うと，先行研究は乏しく，資源税の明確な定義すら見当たらなかった。このような状態を踏まえ，資源税研究の第一歩は，基礎概念の議論や事例の検討という今後の資源税研究の共通の基礎になるべき通説の確立である。

　本書は，このようなきっかけから進めてきた筆者三年間の研究の成果である。これまでの資源課税をめぐる伝統的な経済理論を辿りながら，資源税とは何か，なぜ必要なのかを考えた。そして，悠久な資源利用の歴史をもち，今日資源の大量消費国であるとともに資源大国である中国の資源税に焦点をあてた。計画経済から市場経済への移行とともに導入された資源税の変遷過程，運用の実態を，理論的，実証的に分析した。制度のダイナミックな変化を捉えるために，本書ではできるだけ最新データや一次資料を使用した。本書の最終仕上げの段階に入った2014年10月に，財政部および税務総局が公布した石炭資源税，原油・天然ガス資源税に関する改革内容もできるかぎり反映させた。

　しかしながら，こうした地道な研究から導き出した中国資源税の税体系上の位置づけは，長年引き継がれてきた通説的見解に対して真っ向から疑義を呈するものになった。すなわち，規範的な財政理論では，偏在性と不安定性，予測不可能性をもつ資源税は地方税に適さないとされている。しかし，税源偏在が経済力および財政力が低い地域への偏在であるならば，地方税に不適合とは言えない。むしろ，この場合，資源税の地方税化は中央の財政調整の負荷の軽減に寄与するとも言える。アメリカやカナダ，日本のいずれの国においても，鉱物資源関連税からの税源を州や地方に配分するのが主流となっている。こうした事実から，資源税をめぐる税源配分のあり方に関する規範的な財政理論は，今後各国単位での考察をいっそう深めてから，再検討する必要があると考えている。

　本書は，すでに刊行した論文および学会報告論文に基づいて加筆修正を

行った章と，全く新たに書き下ろした章からなっている．以下に，既刊行・報告論文の初出一覧を示しておくことにする．序章，第8章，終章は書きおろしである．龍谷大学政策学会，国際公共経済学会，Edward Elgar Publishing には，拙著原稿の本書への掲載をご快諾いただいたことを，記して謝意を表する次第である．

第1章「資源税の理論的源泉」と第2章「中国税制の全体像と資源関連税」

　「中国の資源関連税制の現状と性格——資源課税の理論からの考察」，『龍谷政策学論集』（龍谷大学政策学会），第2巻2号，2013年，27–49ページ

第3章「中国資源税の展開と成果（1984年から2010年まで）」

　「中国の資源税制度の展開と成果」，『国際公共経済研究』（国際公共経済学会），24号，2013年，29–44ページ

第4章「新疆における2010年資源税改革の到達点と課題」

　'Effects and issues of the 2010 resource tax reform in Xinjiang', L. Kreiser, S. Lee, K. Ueta, J. E. Milne, H. Ashiabor (Edit) "Environmental Taxation and Green Fiscal Reform", Edward Elgar, 2014, pp.215–226

第5章「2011年資源税改革の到達点と課題——石炭資源税を中心に」

　'An analysis of China's 2011 Coal Resource Tax Reform', 15th Global Conference on Environmental Taxation, September 25, 2014, Copenhagen

第6章「中国の政府間財政関係と資源税」

　「中国の政府間租税関係と資源税」，日本財政学会　第71回大会，2014年10月26日，名古屋

第7章「国際比較からみた資源税」

　「再生不能資源の課税制度の国際比較」，『国際公共経済研究』（国際公共経済学会），25号，2014年，49–66ページ

大学に入学以来，本書の執筆に至るまでには実にいろいろな方々から学恩を受けた。この場をお借りして感謝の言葉を申し上げたい。なによりも，最初に感謝の念を申し上げなければならないのは，植田和弘京都大学大学院経済学研究科教授である。植田先生は学部時代にゼミへの参加をご了承いただいて以来，今日に至るまで一貫して懇切丁寧な指導を受けることができた。博士論文の執筆過程において，先生はいつも時間をかけて私の原稿の隅々まで目を通してくださり，的確な指摘や修正アドバイスを頂いた。先生からの貴重なご指導と励ましは私にとって，かけがえのない財産である。そして本書の出版に際しても先生による推薦がなければ，本書の完成はなかった。

　また，もう一人の指導教官である諸富徹京都大学大学院経済学研究科教授にも熱心なご指導を受けてきた。博士論文の執筆過程では先生から鋭いコメントを数多く頂戴した。また，学内外の研究会や学会にもお誘い頂き，研究分野の近い先生をご紹介くださり，研究の視野を広げることができた。

　この他にも数えきれないほどの方々にお世話になった。京都大学大学院経済研究科では，劉徳強教授からは中国研究に関する多くの貴重なご指摘およびご意見をいただいた。京都大学地球環境学堂の森晶寿准教授にも，ゼミ生でもない私に対して，修士課程以来ずっと環境経済学の指導を受けることができた。北川秀樹龍谷大学教授，窪田順平総合地球環境学研究所教授，村松弘一学習院大学教授，金紅実龍谷大学准教授，谷垣岳人龍谷大学講師，奥谷三穂京都府立大学准教授（当時）には，中国で現地調査に同行することができ，極めて多くのことを学ばせていただいた。

＊

　本書を構成する各章は，これまでの学会や研究会など，さまざまな場での研究報告に際して，林宰司滋賀県立大学准教授，町田俊彦専修大学教授，竹歳一紀桃山学院大学教授，朴勝俊関西学院大学教授，張忠任島根県立大学教授，中川涼司立命館大学教授，曹瑞林立命館大学教授，バーモントロースクールのJanet E. Milne教授，ザンクトガレン大学のFlorian Haber-

あとがき

macher 氏をはじめとする実に多くの先生方や匿名査読者，先輩，後輩から有益なコメントと知的刺激をいただいた。現段階では，その全てに十分応えることはできていないが，今後の課題として取り組んでいきたい。今後とも引き続き御指導・御鞭撻を請うことができれば幸甚の至りである。言うまでもなく，本書に評した見解はあくまで筆者個人に帰属するものであり，誤りなどがあれば全く筆者の責任であることも申し添えておく。

　最後に，私の研究の出版を引き受け，熱心に取り組んでくださった京都大学学術出版会の鈴木哲也編集長および國方栄二氏，髙垣重和氏には，心より感謝の意を表したい。なお，本書の刊行にあたっては，京都大学の「平成26年度総長裁量経費若手研究者に係る出版事業」による助成を受けている。

　　2014年12月

何　彦旻

参考文献

(英文文献)

Ashiabor, H., Saccasan M. (2011) The Political Economy of Australia's Proposed Resource Rent Taxation Regime. Kreiser, L. et al. ed., *Environmental Taxation in China and Asia-Pacific*. UK : Edward Elgar. pp.201–222.

Babu, P.G., Kumar, K.S.K., Murthy, N.S. (1997) An Overlapping Generations Model with Exhaustible Resources and Stock Pollution. *Ecological Economics*. 21 (1). pp.35–43.

Baumol, W.J., Oates, W.E. (1971) Use of Standards and Prices for Protection of the Environment. *Swedish Journal of Economics*. 73 (1). pp.42–54.

Bleischwitz, R., et al. (2009) Outline of a Resource Policy and its Economic Dimension. Bringezu, S. and Bleischwitz, R. ed., *Sustainable Resource Management: Global Trends, Visions and Policies*. UK : Greenleaf Publisihing. pp.219–296.

Boadway, R.W., Kitchen, H. M. (1999). *Canadian Tax Policy*. Canada : Canadian Tax Foundation.

BP Statistical Review of World Energy ed. (2013) *Statistical Review of World Energy*.

BP Statistical Review of World Energy ed. (2014) *Statistical Review of World Energy*.

Brown, E. Cary. (1948) Business-Income Taxation and Investment Incentives. Lloyd, A. Metzler ed., *Income, Employment, and Public Policy : Essays in Honor of Alvin H. Hansen*. New York : Norton. pp.300–316.

CEIC Premium Database (China, The State Government Finance).

Conrad, J. M. (1999) *Resource Economics*. UK : Cambridge University Press. (岡敏弘・中田実訳『資源経済学』岩波書店, 2002年).

Dasgupta, S., Mitra, T. (1983) Intergenerational Equity and Efficient Allocation of Exhaustible Resources. *International Economic Review*. 24 (1). pp.133.

Dasgupta, P., Heal, G. M. (1979) *Economic Theory and Exhaustible Resources*. Cambridge : Cambridge University Press.

Dasgupta, P., Heal, G., Stiglitz, J. E. (1980) The Taxation of Exhaustible Resources. *National Bureau of Economic Research*. Working Paper No.436.

Devarajan, S., Fisher, A.C. (1981) Hotelling's "Economics of Exhaustible Resources" : Fifty Years Later. *Journal of Economic Literature*. 9 (1). pp.65–73.

ENTRANS Policy Research Group study for Mining Association of Canada (2011) Revenues to Governments from the Canadian Mineral Sector 2002–2010. The Mining Association of Canada.

Flavin C. et al. (2002) *State of The World 2002*. New York : W.W. Norton & Co. (クリストファー・フレイヴィン編著『地球白書2002–03』, 家の光協会, 2002年).

Foley, P., Clark, J.P. (1982) The Effects of State Taxation on United States Copper Supply. *Land Economic*. 58 (2). pp.153.

Gaffney, M., Committee on Taxation, Resources and Economic Development (1967) *Extractive Resources and Taxation*. Madison : University of Wisconsin Press.

Gamponia, V., Mendelsohn, R.O. (1985) The Taxation of Exhaustible Resources. *The*

Quarterly Journal of Economics. 100 (1). pp.165.

Garnaut, R., Ross, A. C. (1975) Uncertainty, Risk Aversion and the Taxing of Natural Resource Projects. *The Economic Journal.* 85 (338). pp.272–287.

Garnaut, R., Ross, A. C. (1983) *Taxation of Mineral Rents.* Oxford: Clarendon Press.

Gaudet, G. (2007) Natural Resource Economics under the Rule of Hotelling. *The Canadian Journal of Economics*, 40 (4). pp.1033–1059.

Gray, L.C. (1914) Rent Under the Assumption of Exhaustibility. *The Quarterly Journal of Economics.* 28 (3). pp.466–489.

Hartwick, J.M. (1977) Intergenerational Equity and the Investing of Rents from Exhaustible Resources. *The American Economic Review.* 67 (5). pp.972–974.

Hartwick, J.M. (1978a) Substitution Among Exhaustible Resources and Intergenerational Equity. *The Review of Economic Studies.* 45 (2). pp.347–354.

Hartwick, J.M. (1978b) Investing Returns from Depleting Renewable Resource Stocks and Intergenerational Equity. *Economics letters.* 1 (1). pp.85–88.

Hogan, L., Goldsworthy, B. (2010) International Mineral Taxation: Experience and Issues. Daniel, P. et al. ed., *The Taxation of Petroleum and Minerals: Principles, Problems and Practice.* London: Routledge. pp.122–162.

Hotelling, H. (1931) The Economics of Exhaustible Resources. *The Journal of Political Economy.* 39 (2). pp.137–168.

Huang, L. et al (2011) Study on Green Production Oriented Chinese Resource Tax Reform. *Energy Procedia.* pp.1055–1059.

Kerr, H., McKenzie, K., Mintz, J., Arnold, B.J. (2012) *Tax Policy in Candia.* Canadian Tax Foundation.

Knese, A.V., Bower, B. T. (1968) *Managing Water Quality: Economics, Technology, Institutions.* Baltimore: Johns Hopkins Press.

Kornai, J. (1980) *Economics of Shortage.* Amsterdam; New York: Noth-Holland（盛田常夫訳『「不足」の政治経済学』, 岩波書店, 1984年）。

Levhari D., Liviatan N. (1977) Notes on Hotelling's Economics of Exhaustible Resources. *The Canadian Journal of Economics.* 10 (2). pp.177–192.

Lockner, A.O. (1965) The Economic Effect of the Severance Tax on Decisions of the Mining Firm. *Natural Resources Journal.* 4 January. pp.468–85.

Marshall, A. (1920), *Principles of Economics: An Introductory Volume*, 8th edition. London: Macmillan（大塚金之助訳『マーシァル 経済学原理(第1分冊)』, 改造社, 1926年）

Meadows D.H. et al. (1972) The Limits to Growth. New York: Universe Books.（ドネラ H・メドウズ『成長の限界―ローマ・クラブ「人類の危機」レポート』, ダイヤモンド社, 1972年）

Metcalf, G.E.ed. (2011) *U.S. Energy Tax Policy.* UK: Cambridge University Press.

Mourmouras, A. (1993) Conservationist Government Policies and Intergenerational Equity in an Overlapping Generations Model with Renewable Resources. *Journal of Public Economics.* 51 (2). pp.249–268.

Musgrave, R. A. (1959) *The Theory of Public Finance: A Study in Public Economy.* New York: McGraw-Hill（大阪大学財政研究会訳『財政学――理論・制度・政治(1-3)』, 有斐閣, 1961年）。

Musgrave, R. A. (1983) Who Should Tax, Where, and What. *Public Finance in a Democratic Society* Ⅲ : *The Foundations of Taxation and Expenditure.* UK: Edward Elgar. 2000.

pp.284-306.
Oates, W.E.(1972) *Fiscal Federalism*. Aldershot : Gregg Revivals. 1993.
Oates,.W. E.(1996) Taxation in a Federal System : The Tax-Assignment Problem. *Public Economic Reviews*. 1. pp.35-60.
Oates, W.E., Schwab, R.M.(2004) What Should Local Governments Tax : Income or Property?. Schwartz, A.ed. *City Taxes. City Spending* : *Essays in Honor of Dick Netzer*. UK : Edward Elgar. pp.7-41.
OECD(1999) Taxing Powers of State and Local Government. *OECD Tax Policy Studies*, No.1.
OECD(2006) *The Political Economy of Environmentally Related Taxes*.(環境省環境関連税制研究会訳『環境税の政治経済学』,中央法規出版, 2006年).
Permanet, R. et al.(2003) *Natural Resource and Environmental Economics(3rd edition)*. UK : Pearson Education.
Pigou, A.C.(1920) *The Economics of Welfare*. London : Macmillan.(高村象平ほか訳『厚生経済学』,高原書店, 1934年).
Pogge, T.W.(2001) Eradicating Systemic Poverty : Brief for a Global Resources Dividend. *Journal of Human Development*. 2(1). pp.59-77.
Ricardo, D.(1817) *On the Principles of Political Economy, and Taxation*, 3rd edition, London : John Murray.(小泉信三訳『経済学および課税の原理』,岩波書店, 1952年).
Sarma, J.V.M., Naresh, G.(2001) Mineral Taxation around the World : Trends and Issues. *Asia-Pacific Tax Bulletin*. pp.1-10.
Shah, A.(1994) The Reform of Intergovernmental Fiscal Relations in Developing and Emerging Market Economies. *World Bank Policy & Research Series*. 23.
Simpson, R.D., Michael, A.T., Robert, U.A. ed.(2005) *Scarcity and Growth Revisited : Natural Resources and the Environment in the New Millennium*. London : Routledge(植田和弘監訳『資源環境経済学のフロンティア：新しい希少性と経済成長』,日本評論社, 2009年).
Smith A.(1776) *An Inquiry into the Nature and Causes of the Wealth of Nations*, Cannan, E., ed., 1950(水田洋監訳, 杉山忠平訳『国富論』岩波書店, 2000年).
Solow, R.M.(1974a) Intergenerational Equity and Exhaustible Resources. *The Review of Economic Studies*. pp.29-45.
Solow, R.M.(1974b) Economics of Resources or the Resources of Economics. *The American Economic Review*. 64(2). pp.1-14.
Solow, R.M.(1986) On the Intergenerational Allocation of Natural Resources. *The Scandinavian Journal of Economics*. 88(1). pp.141-149.
Stothart, P.(2011) Mining Facts & Figures 2011 of the Canadian mining industry. *The Mining Association of Canada*.
Swerling, B.C.(1962) *Current Issues in Commodity Policy : Essays in International Finance*. New Jersey : Princeton University.
Tiebout, C.M.(1956) A Pure Theory of Local Expenditures. *The Journal of Political Economy*. 64(5). pp.416-424.
Ueta, K.(1988) Dilemmas in Pollution Control Policy in Contemporary China. *Kyoto University Economic Review*. 58(2). pp.51-68.
U.S. Geological Survey(2013) *Mineral Commodity Summaries 2013*.
Wang, D.(2014) Analysis on Conflicts of China's Coal Tax Reform, *International Journal*

of Energy Economics and Policy. 4（1），pp.108–116.
Welsch, H., Stähler, F.（1990）On Externalities Related to the Use of Exhaustible Resources. *Journal of Economics.* 51（2），pp.177–195.
Zhang, Z.K. et al.（2013）Effects and Mechanism of Influence of China's Resource Tax Reform： A regional Perspective. *Energy Economics.* 36（0），pp.676–685.

（和文文献）
伊東洋三（1980）「枯渇性資源と最適成長」,『高速道路と自動車』, 高速道路調査会，23（5），25–29ページ。
池上岳彦（2006）「財政調整の理論と制度をめぐって」,『立教經濟學研究』, 60（1），249–265ページ。
池上岳彦（2008）「カナダの連邦制と財政」,『生活経済政策』, 142，25–30ページ。
池上岳彦（2010）「カナダにおける政府間財源移転の特徴と改革―連邦・州間の財政調整的移転を中心に―」,『会計検査研究』, 42，89–106ページ。
井堀利宏（2003）『課税の経済理論』, 岩波書店。
伊佐市（2013）『平成24年度版　統計いさ』（http：//www.city.isa.kagoshima.jp/about/pdf/h24-toukei_isa02.pdf）。
今井賢一（1973）「国際産業組織と資源問題」,『季刊　現代経済』, 11，104–119ページ。
植田和弘・何彦旻（2008）「排汚収費制度の到達点と課題」, 森明寿ほか編著『中国の環境政策』, 京都大学学術出版会，149–182ページ。
上宮智之（2001）「ウイリアム・S.ジェボンズ『石炭問題』における経済理論」,『関西学院経済学研究』, 32，189–209ページ。
郭四志（2004）「中国の石油産業の管理体制について」,『IEEJ』2004年1月，日本エネルギー研究所。
郭四志（2010）「中国経済の持続可能な成長のボトルネックについて―エネルギー需給逼迫を中心に―」,『帝京経済学研究』, 44（1），163–176ページ。
篭橋一輝・植田和弘（2011）「本質的自然資本と持続可能な発展―理論的基礎と課題」, SD Governance Discussion Paper, 2011（004）。
唐沢敬（1995）『資源環境と成長の経済学』, 中央経済社。
桓寛・佐藤武敏訳注『塩鉄論』, 平凡社，1970。
北川拓（2011）「鉱産税，入湯税および水利地益税の沿革について」,『地方税』, 2011（8）。
小泉和重（2006）「アメリカにおける財政調整制度について」,『比較地方自治研究会による各国の政策研究』, 一般財団法人自治体国際化協会，99–126ページ。
小苅米清弘（1976）「資源の経済学と資源政策」,『東洋大学経済研究所研究報告（2）：経済成長と資源問題』, 281–315ページ。
呉敬璉著・日野正子訳（2007）『現代中国の経済改革』, NTT出版。
佐伯富（1987）『中国塩財政の研究』, 法律文化社。
崔景華・王国華（2008）「中国の天然資源課税」,『とうきょうの自治』, 東京自治研究センター，とうきょうの自治，70，23–30ページ。
志賀美英（2000）「日本の対中国技術協力の方向」,『国際協力研究』, 16（2），57–65ページ。
曹瑞林（2004）『現代中国税制の研究』, 御茶の水書房。
自治省市町村税課編（1989）『市町村諸税逐条解説』, 地方財務協会。
徐一睿（2014）『中国の経済成長と土地・債務問題』, 慶應義塾大学出版会。
徐涛（2014）『中国の資本主義をどうみるのか』, 日本経済評論社。
田島俊雄（1993）「経済改革期の産業組織と供給構造」, 石原亨一編『「社会主義市場経済」

をめざす中国―その課題と展望―」,アジア経済研究所,77-114ページ。
張宏翔(2007)「中国における地方税の実態と課題(1)」,『経済論叢』(京都大学経済学会),179(5-6)。
張忠任(2014)「中国における政府間財政関係の変容と問題点」,日本財政学会第71回大会。
時政勗(1993)『枯渇性資源の経済分析』,牧野書店。
時政勗ほか(2007)『環境と資源の経済学』,勁草書房。
堀井伸浩(2000)「石炭産業―産業政策による資源保全と持続的発展」,丸川知雄編『移行期中国の産業政策』第6章,アジア経済研究所,203-246ページ。
前田淳(2006)「中国国営企業改革史(二)」,『三田商学研究』,49(6),177-197ページ。
町田俊彦(2006)「「分税制」改革後の地域格差と財政調整:中国」,持田信樹編『地方分権と財政調整制度』,東京大学出版会,173-188ページ。
宮崎市定(1995)『中国文明論集』,岩波文庫。
森岡洋(2004)「ホテリングモデルの一考察」,『三田法經』,123,57-84ページ。
諸富徹(2000)『環境税の理論と実際』,有斐閣。
諸富徹・門野圭司(2007)『地方財政システム論』,有斐閣。
矢部光保(1993)「持続的発展論の視点による環境経済学の研究課題」,『農業総合研究』,47(2),69-101ページ。
吉岡孝昭(2010)「中国における農業税改革と郷鎮級政府財政:農業税廃止を中心に」,『国際公共政策研究』,15(1),71-87ページ。
林毅夫著・劉徳強訳(2012)『北京大学中国経済講義』,東洋経済新報社。

(中文文献)
安体富・蒋震(2008)「我国資源税:現存問題与改革建議」,『渉外税務』,2008年第5期,10-13ページ。
鮑栄華・楊虎林(1998)「我国鉱産資源税費徴収存在的問題及改進措置」,『地質技術経済管理』,Vol.20,No.4,20-22ページ。
班固(漢)『漢書』(巻二十四食貨志,七十二王貢両龔鮑伝第四十二),北京:中華書局,1962年。
蔡善禎(1989)「対資源税計算方法的探討」,『上海大学学報(社科版)』,1989年第1期,56-58ページ。
曹愛紅・韓伯棠・斉安甜(2011)「中国資源税改革的政策研究」,『中国人口・資源与環境』,Vol.21,No.6,158-163ページ。
曹剛(1990)「対統配煤鉱与財政関係的一点思考」『煤炭経済研究』,1990年12期,12ページ。
陳寿(晋)『三国誌』(巻十一魏書十一,巻五四呉書九),北京:中華書局,1959年。
陳文東(2007)「租金理論及其対資源税的影響」,『中央財経大学学報』,2007年第6期,1-5ページ。
陳宇(2007)「改革我国資源税的思路及建議」,『福建論壇』,No.S1,19-20ページ。
鄧中華(2008)「我国鉱税演化研究」,『経済師』,2008年第3期,143-145ページ。
丁全利(2012)「維護国家鉱産資源権益:解読我国首次開徴中外合作開採石油資源補償費」,『国土資源通訊』,2012年8期,19-20ページ。
杜萌昆(1989)『中国社会主義税収経済理論与実践』,北京:中国財政経済出版社。
范文瀾・蔡美彪『中国通史』(第1~10冊),北京:人民出版社,1954。
付麗(2012)「我国資源税改革問題研究」,『林業経済』,2012年第5期,117-119ページ。
辜珩(2011)「資源税改革対平衡中西部和東部地区財政収入差距的作用」,『企業導報』,2011年第5期,10-11ページ。

管仲（春秋）『管子』，北京：北京燕山出版社，2009年。
関鳳峻・蘇迅（1999）「関于鉱産資源補償費的幾個観点」，『資源・産業』，No.8，12-13ページ。
関鳳峻（2001）「資源税和補償費理論弁析」，『中国地質鉱産経済』，No.8，1-3ページ。
国家税務総局編（1994）『中華人民共和国新税制通釈』，北京：中国経済出版社。
韓紹初・楊益民（1985）「対開徴資源税問題的一些認識」，『財政研究』，1985年第2期。
韓文琰（2012）「由資源環境管理審視我国的資源税改革」，『商業会計』，2012年第10期，54-56ページ。
何芳ほか（2012）「中国鉱山地質災害分布特徴」，『地質通報』，Vol.31，No.2-3，76-85ページ。
侯暁靖（2008）「我国資源税費制度改革建議」，『合作経済与科技』，No.20，109-110ページ。
胡隽秋（2011）「新疆煤炭工業『十一五』回顧及『十二五』展望」，『中国煤炭』，No.4，20-24ページ。
黄小青（2008）「可持続発展視野下資源税生態化改革」，『河北青年管理幹部学院学報』，No.5，101-103ページ。
計金標（2001）「資源課税与可持続発展」，『税務研究』，No.7，22-25ページ。
景普秋・王清憲（2008）「煤炭資源開発与区域経済発展中的"福"与"禍"」，『中国工業経済』，No.7，80-90ページ。
康王柱（2007）「新疆油気資源的開発前景分析」，『石油学報』，Vol.28，No.4，11-15ページ。
李東陽（明）『明会典』（巻百九十四冶課），北京：中華書局，1989年。
李国平・李恒偉・龔傑昌（2011）「鉱産資源税計徴公式改革研究」，『資源科学』，Vol.33，No.5，838-843ページ。
李萍編（2006）『中国政府間財政関係』，北京：中国財政経済出版社。
李文斌・杜海燕（2008）「我国油気資源税費探析」，『財会研究』，No.2，24-25ページ。
梁俊嬌（2012）「有関我国地方政府間税収収入劃分問題的思考」，『中央財経大学学報』，No.10，1-5ページ。
梁麗華・範代娣（2012）「陝北煤炭開采的環境影響及其評価」郭俊栄ほか編著『中日乾燥地区開発与環境保護論文集』，陝西：西北農林科技大学出版社，205-211ページ。
劉克崮・賈康編（2008）『中国財税改革三十年親歴与回顧』，北京：経済科学出版社。
劉佐（2010）『新中国税制60年』，北京：中国財政経済出版社。
劉佐（2014）『2014年中国税制概覧』，北京：経済科学出版社。
林家彬ほか編著（2011）『中国鉱産資源管理報告』，北京：社会科学文献出版社。
馬珺（2003）「資源税改革与区域財政能力差距」，『経済学動態』，2003年第6期，38-41ページ。
馬端臨（宋元）『文献通考』（巻十八征榷考五），北京：中華書局，1986年。
馬偉（2008）『鉱産資源税収問題研究』，北京：中国税務出版社。
馬衍偉（2009）『中国資源税制改革的理論与政策研究』，北京：人民出版社。
『明実録』（巻四十七），北京：中華書局影印，1985年。
欧陽修（宋）『新唐書』（巻五四志第四四食貨志四）」，北京：中華書局，1975年。
裴瀟・蒲志仲（2013）「我国資源税的経済効応分析」，『財会月刊』，No.4，29-32ページ。
蒲志仲（2010）「可持続発展視角下的鉱産資源税費制度」，『西安石油大学学報』，5-14ページ。
喬朴（2006）「陝西煤炭原油和天然気資源税政策研究」，『西部財会』，No.12，24-25ページ。
『清実録』，北京：中華書局影印，1986年。
『清會典』，北京：中華書局，2013年。

参考文献

全人代常務委員会予算工作委員会予決算審査室（2002）『歴届全国人民代表大会及其常務委員会審査通過的予算決算文件集：第一届～第九届』，北京：中国財政経済出版社。
芮建偉・劉海濱・王立傑（2001）「鉱産資源有償使用経済実現方法分析」，『煤炭経済研究』，No.3，16-18ページ。
山東省地方史志編纂委員會編（2008）『山東省志　税務志：1986-2005』（上），山東：山東人民出版社。
司馬遷（漢）『史記』（巻一二九貨殖列伝第六十九，巻三十平準書第八），北京：中華書局，1959年。
宋濂（明）『元史』（巻九四志第四十三食貨二，巻二十八英宗二），北京：中華書局，1976年。
湯貢亮（2010）『中国税収発展報告』，北京：中国税務出版社。
脱脱（元）『宋史』（巻一八五　志第一三八食貨下七），北京：中華書局，1977年。
王金南（1997）『排汚収費理論学』，北京：中国環境科学出版社。
王萌（2010）『資源税研究』，北京：経済科学出版社。
王萌（2010）「試析資源税与環境税的関係」，『財会月刊』，No.36，47-48ページ。
王其謙（2007）「加強国土資源所基礎施設建設不断提高経費保障能力」，『江蘇省土地学会2006年度土地学術年会論文集』，57ページ。
王雪峰・葛燕平（2008）「当前土地違法行為的原因分析及其対策」，『国土資源』，2008年8期，40-43ページ。
王圻（明）『続文献通考』（巻二十三），山東：山東斉魯書社，1997年。
魏収（北斉）『魏書』（巻一一〇食貨志），北京：中華書局，1974年。
呉新文・盧武涛（2014）「我国煤炭資源税改革歴程回顧及建議」，『経済論壇』，No.522，108-112ページ。
肖紅ほか（2013）「陝西定辺苟池湿地発見遺鴎繁殖群分布」，『動物学雑誌』，2013年第5期，776-777ページ。
肖灼基（1979）「論平均利潤率在社会主義経済中的作用」，『経済研究』，No.11，74-80ページ。
席小瑾（2010）「我国資源税経済効応実証分析」，『合作経済与科技』，2010年第16期，92-94ページ。
謝美娥・谷樹忠（2006）「資源税改革与我国欠発達資源富集区発展研究」，『生態経済』，No.11，66-69ページ。
謝蓉・温倩文（2005）「財政移転支付制度下中央与地方的博弈関係」，『中国行政管理』，No.7。
謝昕・白璐（2014）「我国煤炭資源税改革効果，問題及対策研究」，『中国国土資源経済』，No.316，22-26ページ。
新疆維吾爾自治区統計局編，『新疆統計年鑑』（2001～2013年各年版），北京：中国統計出版社。
楊伯峻編著（1990）『春秋左伝注』，北京：中華書局。
殷燚（2003）「適応資源性資産改革形勢維護国家鉱業権資産権益」，『中国地質鉱産経済』，Vol.16（6），19-23ページ。
『雍正朝漢文朱批奏折匯編』（第12冊），江蘇：江蘇古籍出版社，1991年。
張春林（2006）「資源税率与区域経済発展研究」，『中国人口・資源与環境』，Vol.16，No.6，44-47ページ。
張捷（2007）「我国資源税改革設計」，『税務研究』，No.11，45-47ページ。
張挙鋼・周吉光（2007）「我国鉱山資源税問題的理論与実践研究」，『石家庄経済学院学報』，vol.30，No.4，57-60ページ。

張俊芝ほか（2011）「資源税促進煤炭企業能源節約的経済学分析」,『財務与金融』,No.131, 54-57ページ。

張会彊・王宏康（2012）「新疆原油天然気資源税改革対地方財政経済的影響——以環塔里木盆地五地州原油天然気開発為例」,『新疆社科論壇』, 2012年6号, 18-34ページ。

張廷玉（清）『明史』（巻八十一志第五十七食貨五），北京：中華書局，1974年。

張廷玉（清）『清朝文献通考』（巻三〇征権考五），浙江：浙江古籍出版社，2000年。

張文駒（2000）「我国鉱産資源財産権利制度的演化和発展方向」,『中国地質鉱産経済』, Vol.13, No.1, 1-10ページ。

張秀蓮（2001）「可持続発展与資源課税」,『雲南財貿学院学報』, Vol.15, No.2, 37-39ページ。

趙爾巽（清）『清史稿』（巻一二四食貨五），北京：中華書局，1998年。

鄭琳（1999）「堅持可持続発展戦略与我国資源税制的完善」,『税務研究』, 第4号, 23-27ページ。

鄭雯（2012）「我国資源税影響因素的実証分析」,『財政監督』, 2012年11月号, 69-70ページ。

中国財政年鑑編集部編，『中国財政年鑑』（2001～2010年各年版），北京：中国財政部。

中国地質鉱産部編，『中国地質鉱産年鑑』（1995～1997年各年版），北京：海洋出版社。

中国国土資源年鑑編集部編，『中国国土資源年鑑』（1999～2010年各年版），北京：中国国土資源部。

中国海洋石油総公司年報（2007～2009年各年版），中国海洋石油総公司。

中国鉱業年鑑編集部編，『中国鉱業年鑑』（1996～2010年各年版），北京：地震出版社。

中国人民大学清史研究所編（1983）『清代的鉱業』（上），北京：中華書局。

中国石油天然気股份有限公司年報（2007～2009年各年版），中国石油天然気股份有限公司。

中国石油化工公司年報（2007～2009年各年版），中国石油化工股份有限公司。

中国税務年鑑編輯委員会編，『中国税務年鑑』（1993～2013年各年版），北京：中国税務出版社。

中国統計年鑑編集部編，『中国統計年鑑』（1996～2013年各年版），北京：国家統計局。

索　引

Garnaut = Clunies Ross 資源レント税　20

あ行
一九抽課　177
一元的統制体制　7, 187
一時補助金　44
一般石炭使用税（General coal tax/Uniform coal tax）　12
一般的財政移転交付　120
一票否決制　184
エネルギー消費原単位　104, 107, 108, 109, 110
エネルギー税　11
塩税　67, 68
塩鉄論　168, 169, 179
オーツ，W. E.　22, 121, 122, 124, 138
統収統支　27
汚染排出課徴金（排汚収費）　5
オランダ病　80

か行
外部不経済の内部化　21, 25, 46, 54, 181
過渡期移転交付　120
官営　168, 171, 173-175, 177
環境関連税　25
環境税　5, 11, 21, 24, 152
官山海　167, 168
『管子』軽重編　169
管仲　167
官天財　167, 168
官売　168
環渤海石炭価格　111
均輸法　169
クネーゼ，A. V.　21
グレイ，L. C.　12, 13
グローバル資源配当金（Global resources dividend）　18
計画経済体制　7
経済時間　152, 153

公営　7
鉱業権有償使用費（探鉱権・採鉱権使用費）　32-35, 45
鉱業権有償使用費の徴収対象および料率　39
鉱業権有償使用費の納付および使途　42
鉱業採鉱権使用費　40
鉱業探鉱権使用費　40
鉱業税（Mining Tax）　10, 147, 153, 155
工業埋蔵量（Industrial reserve）　39
鉱区使用費　32, 33, 38, 42, 58, 71, 81
鉱区税　150
郷財県管　133, 134, 185
鉱山価値税　13
鉱山環境回復対策費　55
鉱産税（Mine production tax）　10, 150, 153, 155
更新資源　2
郷鎮国土資源所　51, 52
公的介入　17, 18
鉱物資源管理体制　51, 55, 187
鉱物資源関連税　142
鉱物資源採掘税（Mineral extraction tax）　10
鉱物資源税　152
鉱物資源総回収率　43
鉱物資源特定事業収入（鉱産資源専項収入）　43
鉱物資源法（鉱産資源法）　7, 58, 64
鉱物資源補償費（Mineral resources compensation fees）　7, 32, 33, 50, 52, 115, 119
鉱物資源補償費の徴収対象および基準　37
鉱物資源補償費の納付および使途　42
鉱物資源レント税（Mineral resource rent tax）　10
ゴールズワージー，B.　141
枯渇税　18
枯渇性資源　2
国営企業　69

203

国土資源局(分局) 51
国土資源部 7, 34, 40, 51, 182
国務院 7, 51, 127, 128
国有企業の「企業の自主権拡大」 28
国有企業の「利益の譲渡」 28
国有資源(資産)有償使用収入 32
国有聯営企業 50
国家税務総局(国家税務局) 68, 128

さ行

採掘回収率係数 35, 39, 45, 50
採掘回収率 35, 39, 44, 50, 104
採掘税(Severance tax) 10, 142, 152, 158
再生可能資源 2, 144, 152
財政基盤脆弱地区 76
再生産可能な資本(Reproducible capital) 16
財政全面請負制 29
財政の3機能 122
再生不能資源 2
財政連邦主義 121, 122, 130, 138
査定採掘回収率 35, 39, 50
三七抽課 177
ジェボンズ, W. S. 11, 12
資源関連税 33
資源関連税の課税対象および税率 37
資源関連税の納付および使途 41
資源枯渇都市(地区) 80, 82, 186
資源条件 65, 68, 71
資源税 10
資源税制度の目的 71
資源税の課税対象および税率 37, 60
資源税の納付および使途 41
可採埋蔵量 2
資源の希少性 2, 10, 13, 24
資源の級差収入の調整(調節資源級差収入) 59, 65
資源の純輸出地区 78
資源の純輸入地区 78
資源の偏在性 2
専項移転交付 120, 186
持続可能な消費(Sustainable consumption) 17

持続可能な発展(Sustainable development) 15, 16, 80, 122, 183, 186, 187
実際採掘回収率 35, 39, 50
司馬遷 167, 178
指標価格制度 73
資本主義経済システム 1
シャー, A. 123-126
社会主義国家財政 27, 30
社会主義国家の租税 28
社会主義市場経済 29, 30, 69, 83, 182
社会的平均利潤率 64
シャルマ, J. V. M. 141
従価定率徴収(従価徴収) 37, 85, 100, 114, 119, 144, 146, 149, 153, 156
従量定額徴収(従量徴収) 37, 64, 81, 86, 91, 98, 100, 114, 144, 153, 156
省管県 133
人工資本 10, 16, 46, 53
新増製品別生産能力 97
垂直的財政力格差 78
水平的財政力格差 78, 84
スティグリッツ, J. E. 14
スミス, アダム 19, 181
スワーリン, B. C. 18
税外収入(非税収入) 32, 42, 44
税源配分 31, 45, 51, 71, 94, 124, 127, 130, 138, 155, 158
税源配分原則 124
精鉱回収率 44
成長の限界 15, 187
政府間機能配分 122, 123
政府間機能配分論 122
政府間財政関係 120-122, 127, 133, 137
政府性基金収入 32
西部地域 76, 85, 86, 135,
政府の規制機能 122
精錬回収率 44
石炭依存型の経済構造 102
石炭工業品出荷価格指数 111
石炭工業発展第11次5ヵ年計画(煤炭工業発展十一・五規劃) 97
石炭工業発展第12次5ヵ年計画(煤炭工業発展十二・五規劃) 97

石炭自給自足区域　97
石炭資源税　102
石炭資源税の財源調達効果　104
石炭資源税の資源保全効果　105
石炭生産量百万トンあたりの死亡率　51
石炭問題（The Coal Question）　11
石炭輸出区域　97
石炭輸入区域　97
石油特別収益金（Special oil gain levy）　32,
　　33, 46-48, 54
石油特別収益金の徴収対象および基準　40
石油特別収益金の納付および使途　44
ゼロ投入　49
専項収入　32
専売　25, 168, 183
総合減免徴税率（総合減徴率，Comprehensive
　　reduction rate）　88, 89, 119
租税中立　19
租税の経済調節機能　28
租税の立法権　127
ソロー，R. M.　16

た行

第11次5ヵ年計画　109
第12次5ヵ年計画　109
大一統　178
代替弾力性　16
退耕還林　186
第二次産業　105
ダスグプタ，S.　14
棚ぼた利益税（Windfall profit tax）　14
探鉱権・採鉱権使用費および代金　32, 40
炭素税　5, 11, 126
地域保護主義　113
地代　19, 181
地方財政収支ギャップ　74, 93
地方財政力指数　74
地方税　30, 124, 127, 129, 185
地方税務局　42, 128, 130, 137
地方分税制　121, 131, 135
中央税　30, 31, 127, 129
中央地方共有税（共有税）　30, 31, 129
中共中央 14期3中全会　67

中国税務系統組織機構　129
中国のエネルギー状況と政策　102
超過利潤税　10, 20, 47, 54
統制価格制度　73

な行

ナレシュ，G.　141
二段階課税方式　149
二八抽課　177
二八抽分　172
農家総合直接補助金　44
農業税廃止　134

は行

ハートウィック，L. M.　16
ハードウィック・ルール　17
パーマン，ロジャー　15
排水課徴金，5「煤電互保」政策　113
バウアー，B. T.　21
ヒール，P.　14
ピグー，A. C.　21, 23, 24, 181
ピグー税　22, 23
非更新資源　2
非枯渇性資源　2
不足の経済　72
物品税　142
ブライシュヴィッツ，R.　18
ブラウン税（Brown tax）　20
分機構　30, 130
分権　30, 130, 179
分税　30, 130
分税制　29-31, 127, 130
分灶喫飯　29
平準法　169
ベース発電量　114
法人間所得格差　63, 66, 71, 72
ホーガン，L.　141
ボーモル，W. J.　22
ボーモル＝オーツ税　22
ポッゲ，T. W.　18
ホテリング，ハルロド　13, 24, 46, 181
ホテリング・ルール　14, 17

ま行

マーシャル，アルフレッド　19, 21
マキシミン・ルール　16
マスグレイブ，R. A.　121, 124, 138
民採　50

や行

山澤之賦　8, 166, 167, 169
予想埋蔵量　86

ら行

リカード，D.　19
リカード・レント　12, 13, 59, 63
「利改税」改革　58
レント　12, 13, 17, 18, 19, 20, 47
レント税　20, 46, 125, 141
ロイヤリティー　13, 19, 48, 125, 153
ローマ・クラブ　15, 187
ロールズ，ジョン　16

［著者紹介］

何　彦旻（か　えんみん，HE Yanmin）

2005年　京都大学経済学部卒業。
2007年　京都大学大学院経済学研究科博士前期課程修了，修士（経済学）
2014年　京都大学大学院経済学研究科博士後期課程修了，博士（経済学）
現在，京都大学経済研究所附属先端政策分析研究センター研究員。京都大学経済学部非常勤講師。
主な著作に，"Effects and Issues of the 2010 Resource Tax Reform in Xinjiang"（Kreiser, L., Lee, S., Ueta, K., Milne, J. E. and Ashiabor, H.（eds.），*Environmental Taxation And Green Fiscal Reform : Theory and Impact*, 2014, Edward Elgar），「排汚収費制度の到達点と課題」（森晶寿・植田和弘・山本裕美（編著）『中国の環境政策—現状分析・定量評価・環境円借款』，2008，京都大学学術出版会），など。

（プリミエ・コレクション　56）
中国の資源税

2015年3月31日　初版第一刷発行

　　　　著　者　　何　　彦　旻
　　　　発行人　　檜　山　爲次郎
　　　　発行所　　京都大学学術出版会
　　　　　　　　　京都市左京区吉田近衛町69
　　　　　　　　　京都大学吉田南構内（〒606-8315）
　　　　　　　　　電話　075（761）6182
　　　　　　　　　FAX 075（761）6190
　　　　　　　　　URL http://www.kyoto-up.or.jp/
　　　　印刷・製本　亜細亜印刷株式会社

Ⓒ He Yanmin 2015　　　　　　　　　　　　　　　　Printed in Japan
ISBN978-4-87698-100-7 C 3333　　　　定価はカバーに表示してあります

本書のコピー，スキャン，デジタル化等の無断複製は著作権法上での例外を除き禁じられています。本書を代行業者等の第三者に依頼してスキャンやデジタル化することは，たとえ個人や家庭内での利用でも著作権法違反です。